RECREACION CRISTIANA

Juegos, Actividades y Programación

Viola Dee Campbell

CASA BAUTISTA DE PUBLICACIONES

CASA BAUTISTA DE PUBLICACIONES
Apartado 4255, El Paso, Tx. 79914 EE. UU. de A.

Agencias de Distribución

ARGENTINA
Rivadavia 3464, 1203 Buenos Aires
BRASIL
Rua Silva Vale 781, Rio de Janeiro
BOLIVIA
Cajón 514, Cochabamba
Cajón 2516, Santa Cruz
COLOMBIA
Apartado Aéreo 55294, Bogotá 1
COSTA RICA
Apartado 285, San Pedro
CHILE
Casilla 1253, Santiago
ECUADOR
Casilla 3236, Guayaquil
EL SALVADOR
10 Calle Pte. 124, San Salvador
ESPAÑA
Arimón 22, Barcelona 22
ESTADOS UNIDOS
Broadman: 127 Ninth Ave.,
Nashville, Tenn., 37234
GUATEMALA
12 Calle 9-54, Zona 1, Guatemala
HONDURAS
4 Calle 9 Avenida, Tegucigalpa
MEXICO
Calle Oriente 65-A No. 2834, México 8, D.F.
Matamoros 344 Pte., Torreón, Coahuila
NICARAGUA
Apartado 5776, Managua
PANAMA
Apartado 5363, Panamá 5
PARAGUAY
Pettirossi 595, Asunción
PERU
Apartado 3177, Lima
REPUBLICA DOMINICANA
Apartado 880, Santo Domingo
URUGUAY
Casilla 14052, Montevideo
VENEZUELA
Apartado 152, Valencia

Primera edición: 1980
Segunda edición: 1981

Clasifíquese: Educación Cristiana

ISBN: 0-311-11037-1
C. B. P. Art. No.: 11037

6 M 12 81

Printed in U.S.A.

PREFACIO

Cuando se oye la palabra "recreación" son variados los conceptos que las personas tienen. En este libro se ha procurado explicar lo que es la recreación y cómo ésta encuentra expresión en las iglesias. Se espera que su estudio familiarice al lector con los diferentes tipos de recreación y le de un entendimiento de la potencialidad de las muchas facetas que la recreación ofrece como un medio eficaz y accesible al ministerio educativo de una iglesia.

Por muchos años el *Manual de Recreación* del doctor Tomás Maston ha sido usado para guiar a las iglesias en su programa recreativo. Este libro que reemplazará dicho *Manual* incluye material de aquél y la autora, quien fue alumna del doctor **Maston**, reconoce públicamente lo mucho que debe a su maestro, tanto por haber sido para ella una fuente de inspiración que la estimuló a introducirse en el importantísimo terreno de la recreación, como por su valiosa ayuda a través del *Manual* mencionado.

¡Para Divertirte! Se inicia este libro con una *Sección de Juegos y Otras Actividades Recreativas* que contiene material nuevo y ameno para usar en los programas recreativos con los diferentes grupos de su iglesia. Se ha procurado no incluir juegos y actividades que se encuentran en el libro: *Juguemos.* ¡He aquí una buena colección de material para cada director de recreación!

En la segunda parte de este libro se muestra la razón por qué contar con un programa recreativo en la iglesia. Los tres capítulos que siguen presentan las diferentes áreas de recreación. Desde luego no se espera ni recomienda que una iglesia incluya todas estas áreas en su programa recreativo. Sin embargo, un conocimiento de ellas puede guiar en la selección de las actividades que deben incluirse y en una mejora de las áreas que ya forman parte de su programa.

Después de considerar las áreas de recreación sigue el capítulo que delinea los pasos para organizar y dirigir el programa recreativo de la iglesia. El último capítulo habla de los directores de recreación, las cualidades que deben poseer o procurar adquirir, y cómo pueden mejorar su trabajo.

En el *Apéndice* del libro se encuentra sugerido un *Reglamento para el Programa Recreativo de la Iglesia* que puede ser útil para que cada iglesia formule algo semejante como guía en su programa de recreación. *Además el Cuestionario para el Repaso y el Examen y las Sugerencias para Enseñar el Libro* facilitarán el estudio y la enseñanza del libro.

En la elaboración de este libro se ha contado con la ayuda de muchas fuentes y personas. Tanto algunos juegos como algunas fotos del libro fueron enviados por personas en varios países del mundo hispano. De una manera especial quiero expresar mi agradecimiento a la señorita profesora Lucinda Mijares por el tiempo dedicado en la lectura del manuscrito y por sus atinadas y valiosas sugerencias, y la señora Norma C. de Armengol por su contribución en el trabajo editorial de la preparación del manuscrito. Es nuestro deseo que este pequeño volumen pueda significar mucho para las iglesias en los países de habla hispana para una comprensión más amplia y para un uso más efectivo de la recreación como parte íntegra del programa de las mismas.

Viola Dee Campbell

CONTENIDO

PARTE I: SECCION DE JUEGOS Y OTRAS ACTIVIDADES RECREATIVAS

PARTE II: PROGRAMACION RECREATIVA PARA UNA IGLESIA

APENDICE

¡Para Divertirte!

PARTE I: SECCION DE JUEGOS Y OTRAS ACTIVIDADES RECREATIVAS

JUEGOS INTRODUCTORIOS

AMIGOS DE CORAZON

Materiales: Siluetas de corazones numeradas para ser prendidas en la ropa de los jugadores; alfileres, lápices y papel.

Desarrollo: Todos los jugadores procurarán identificar los nombres de los participantes. Al identificarlos escribirán el número en el papel que se les habrá proporcionado. La persona que logre identificar más jugadores será la ganadora.

TITULOS DE HIMNOS

Materiales: Escriba los títulos de varios cantos en tiras de papel. Después corte por separado cada palabra. Mézclelas sobre una mesa.

Desarrollo: Cada jugador escogerá seis u ocho papeles. Luego intercambiando los papeles con los demás jugadores procurará formar tantos títulos de cantos como pueda. Esta actividad ayudará a que el grupo se conozca mejor.

¿QUE REPRESENTO YO?

Materiales: Recorte de revistas y periódicos figuras de distintos objetos; lápices para cada participante.

Desarrollo: Coloque en la espalda de cada jugador una figura, sin decirle qué representa. Por medio de preguntas que puedan contestarse con si o no, los jugadores deben tratar de adivinar qué representa su figura. Cada vez que una persona conteste una pregunta debe poner una marca en la figura del que preguntó. De las personas que adivinan lo que representa su grabado, ganará la que tenga menos marcas. Se dará tiempo limitado para adivinar.

11

CAMBALACHE

Materiales: Recortes de papel de tres a cinco colores. Se dará un valor a cada color (por ejemplo, negro 35; morado 30; rojo 25; verde 15; blanco 10; amarillo 5), pero no se revelará eso hasta el final del juego.
Desarrollo: Se darán a cada jugador seis u ocho papelitos. Los jugadores intercambiarán los papelitos, cada uno procurando conseguir el color que él crea tiene más valor. Después de unos cinco o diez minutos, el director anunciará los valores de cada papel. Los jugadores entonces sumarán los que ellos tienen y el que tenga la suma más alta gana.

CONOCIENDOTE A TI

Materiales: Hojas de papel para cada jugador con las indicaciones que aparecen a continuación; lápices.
Desarrollo: Cada jugador llevará a cabo las instrucciones que se encuentran en su hoja de papel.

CONOCIENDOTE A TI

Comience a conocer al grupo acercándose a una persona a quien no conoce y consiga su firma

. . . .

Obtenga la firma de una persona que nació en el mismo mes que usted

. . . .

Nuevas amistades deben formarse en esta ocasión. Consiga la firma de la persona a quien le gustaría conocer mejor.

. . . .

Obtenga la firma de una persona que no sea miembro de su iglesia.

. . . .

Consiga la firma de la persona más alegre del grupo   .
. . . .

Interesante sería tener la firma de la persona más alta del
grupo
. . . .

Entreviste y obtenga la firma de la persona más baja de estatura del grupo
. . . .

No deje de saludar y conseguir la firma de la persona que
vive más cerca a su casa
. . . .

De todo el grupo, la persona más simpática firmará aquí
. . . .

Obtenga la firma de una persona que lleve algo rojo   .
. . . .

Trate de conseguir la firma de la persona más inteligente
. . . .

Elija a la persona que le ha inspirado más . . . . . .

Ahora es el momento de conseguir la firma de una persona
que tenga el pelo corto

Tiempo resta para dos firmas más. Aquí puede firmar otra
persona que no conozca
. . . .

Inmediatamente consiga la firma de cualquier persona del
grupo y grite "ya gané"

¡HOLA!

Materiales: Una hoja de papel en que están dibujados los cuadros y la palabra HOLA como se ilustra en el diseño a continuación, y un lápiz para cada participante.

Desarrollo: Los jugadores conseguirán la firma del mayor número de presentes posibles tratando de llenar todos los cuadros. Después de un tiempo limitado el director mencionará los nombres de las personas presentes y cada participante pondrá una marca en el cuadro que contiene ese nombre. La primera persona que tache todos los nombres en una línea horizontal debe gritar "HOLA". Se puede reconocer a ésta con un distintivo declarándola como la forma más amigable de la reunión.

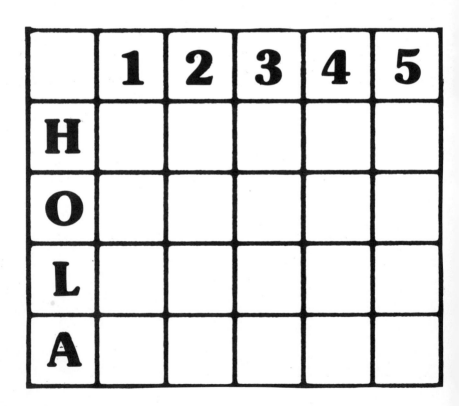

CATORCE PALITOS

Materiales: Catorce palitos
Formación: Se divide el grupo en dos equipos iguales.
Desarrollo: Cada equipo se para detrás de una línea divisoria, y atrás de ellos colocan los palitos como se ve en la ilustración. Los jugadores de cada equipo procuran evitar que los del otro se lleven sus palitos. Si uno cruza la línea, es perseguido, y si logra tomar un palito no está seguro hasta que esté nuevamente en su lado de la línea. Si es alcanzado, permanece en ese lado hasta que un jugador de su grupo lo rescata y lo lleva á su lado. El juego continúa hasta que un lado haya perdido sus palitos o que haya perdido tantos que se dé por vencido.

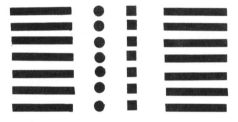

GUARDANDO LA PELOTA

Materiales: Una pelota.
Formación: Un círculo manteniendo las piernas separadas, de tal manera que los pies de cada jugador toquen los de sus compañeros de ambos lados. Un niño estará en el centro.

Desarrollo: El jugador del centro procurará pasar la pelota por entre las piernas de un jugador. Este puede detenerla con las manos, pero no con los pies. Si la pelota sale del círculo, el jugador que la dejó tomará el lugar en el centro para rodar la pelota.

BUSQUEDA DE CACAHUATES (MANIES)

Materiales: Cacahuates *(maníes)* u otro objeto.

Instrucciones: Se esconderán los objetos alrededor del salón o patio antes de que lleguen los invitados. Se formarán grupos de cinco o seis personas, designándose un capitán para cada grupo. A cada grupo se le asignará el nombre de un animal, flor, o cualquier cosa relacionada con el tema de la reunión.

El propósito del juego es recoger tantos objetos como sea posible en el tiempo señalado. Solamente el capitán puede tocar los objetos y ponerlos en las bolsas. Cuando una persona del grupo encuentre uno tiene que hacer el ruido del animal asignado a su grupo hasta que llegue el capitán a recoger el objeto. El grupo que recoja más objetos es el ganador.

BASQUETBOL

Material: Un globo para cada fila.

Formación: Filas paralelas con igual número de jugadores. Enfrente de cada fila, a cierta distancia, se parará una persona formando un círculo con los brazos extendidos, simulando así una red de basquetbol.

Desarrollo: Se entregará un globo a la primera persona de cada fila. Esta lo pasará por encima de su cabeza a la persona de atrás y así lo seguirán pasando por toda la fila. Al recibirlo la última persona lo llevará, manteniéndolo en el aire, hasta echarlo en la "red". En seguida lo tomará y se colocará al principio de la fila y el juego continuará. La fila que termine primero es la que gana.

BASQUETBOL CON GLOBO

Material: Un globo.

Formación: Sentados en dos filas, una frente a otra, de tal manera

que las rodillas de los jugadores estén bastante cerca. El jugador al extremo de cada fila como se ve en el dibujo abajo, tendrá sus brazos de manera que formen un círculo como un aro de basquetbol.
Desarrollo: El director deja caer el globo en medio de las dos filas. Todos los jugadores sin levantarse de sus sillas tratan de pasar el globo por el aro de su fila. Cada vez que logran hacerlo se anotan dos puntos para su equipo.

Omnibus of Fun por Helen and Larry Eisenberg. Association Press, New York. Usado con permiso.

PELOTA EN CIRCULOS

Material: Una pelota para cada círculo.
Formación: Dos o más círculos con el mismo número de personas.
Desarrollo: Al dar la señal el capitán (número uno) de cada círculo tira la pelota a la tercera persona a su izquierda (número tres). Número tres la devuelve a número dos, quien la tira al número cuatro. Número cuatro la regresa a número tres, quien la tira a número cinco, quien la regresa a número cuatro, quien la tira a número seis, y así se continúa pasando alrededor del círculo. Cuando la pelota vuelve a número uno, éste grita "uno", y comienza a pasar la pelota otra vez.
El círculo que termine de pasar la pelota alrededor del círculo tres veces, gana.

Agnes Durant Pylant, *Fun Plans for Church Recreation*
(Nashville: Broadman Press 1958). Used by permission.

ESCAPANDO

Material: Pelota de goma o plástico flexible o un trapo anudado que sirva de pelota.

Formación: Todos los jugadores están en un círculo dibujado en el piso o sobre algo que representa el círculo. Hay dos jugadores fuera del círculo.

Desarrollo: Los jugadores que están fuera del círculo tiran la pelota, tratando de darle a uno de los jugadores dentro del círculo. Aquel a quien le pega la pelota saldrá del círculo, y se unirá con los dos jugadores para tratar de pegar a aquellos que aún están adentro. El que se quede adentro más tiempo es el que gana.

VOLIBOL DE SALON

Materiales: Un cordón, un globo.

Formación: Se divide a los jugadores en dos grupos.

Desarrollo: Se extenderá el cordón de pared a pared, o si es más conveniente, dos personas pueden sostenerlo. El globo servirá de pelota, y se desarrollará el juego con las reglas del vólibol, o se puede decir sencillamente que el grupo que deje caer la pelota pierde.

Variación: Los jugadores pueden estar sentados. Se gana un punto cuando el globo toca el suelo en el lado contrario.

POLO DE SALON

Materiales: Dos sillas que sirven de arcos, dos escobas que sirvan de mazos, y un trapo anudado que sirva de pelota.

Formación: Dos filas paralelas, una frente a la otra. Se coloca una silla a cada extremo de las filas y una escoba sobre cada silla. La pelota será puesta en el centro, en medio de las dos filas.

Desarrollo: Se numerarán los jugadores de cada fila. Los de la primera de derecha a izquierda y los de la segunda de izquierda a derecha. El director mencionará un número, los dos jugadores que tengan el número correrán, tomarán la escoba e intentarán colocar la pelota debajo de la silla que está en el extremo de la fila opuesta. Cuando un jugador logre hacerlo se anotará un punto para su fila.

TRIPLE CAMBIO

Formación: Círculo con tres personas en el centro.
Instrucciones: Asigne a los jugadores del círculo, los números uno al tres consecutivamente. Los jugadores que están dentro del círculo tomarán turnos para llamar uno de estos tres números. Las personas que tengan el número mencionado cambiarán sus lugares, mientras que el que los llamó tratará de tocar a uno de los jugadores antes de que llegue a su nuevo lugar. Si logra tocarlo, el que fue tocado pasará al centro y el que lo tocó ocupará el lugar vacío.

LA ZORRA Y LA ARDILLA

Formación: Dos filas paralelas sentadas o paradas de frente.
Materiales: Dos objetos que representan la zorra y la ardilla.
Instrucciones: Los jugadores arrojarán los objetos uno tras otro de una fila a otra. La "zorra" debe procurar alcanzar la "ardilla" antes de que llegue al otro extremo de la fila.

"LISTO, ¡CORRE!"

Material: Pelotas de hule u otro objeto chico.
Formación: Cuatro equipos con igual número de jugadores (no más de seis).
Desarrollo: Los jugadores se alinean, uno detrás de otro, en las cuatro esquinas de la zona de juego. Cada equipo tiene un capitán. Los cuatro capitanes se paran en el centro dándole la cara a su equipo. Cada uno tendrá una pelota chica u otro objeto que se pueda arrojar con facilidad. El capitán arrojará la pelota a cada jugador de su equipo uno a uno. Los jugadores se la regresarán. Cuando el capitán la arroje al último jugador gritará "listo, ¡corre!", y correrá al frente de la línea. Al mismo tiempo el último jugador de la línea correrá al centro y comenzará a arrojar la pelota. Así se continúa hasta que el capitán regrese al centro con la pelota.

REVENTANDO LOS GLOBOS

Materiales: Seis u ocho globos. (Depende del número de participantes.)

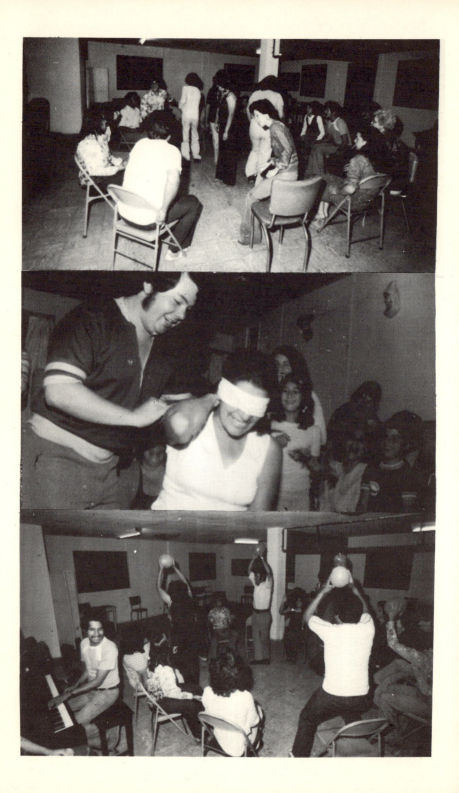

Formación: Sentados en un círculo.

Desarrollo: Se pasarán los globos alrededor del círculo. Cuando cese la música o suene el silbato las personas con los globos tienen que pararse y sostener en alto el globo diciendo "Soy Feliz". Si la misma persona vuelve a quedarse con el globo cuando cese la música, repetirá la primera acción y dará una vuelta completa. Si por tercera vez se queda con el globo tiene que repetir las acciones anteriores y luego sentarse sobre el globo para reventarlo. Al lograrlo debe salir del juego. Este juego continuará hasta que todos los globos sean reventados.

ESCUCHEN — ESCUCHEN

Material: Una campana, música o un silbato.
Formación: Por parejas, formando un círculo.
Desarrollo: Mientras que las parejas marchan alrededor del salón al compás de la música, la persona que está en el centro camina haciendo sonar la campana y diciendo "¡Escuchen! ¡Escuchen!_____ (mencionando su nombre) no tiene compañero!" Cuando cese la música (o de sonar el silbato), todos tienen que cambiar de compañero o compañera, formando nuevas parejas. La persona que se quede sin compañero tiene que pasar al centro, y seguir con el juego.
Suggestions for Socials, Ronald F. Keeler, The Standard Publishing Company, Cincinnati, Ohio, 1947. Usado con permiso.

AMO A TODOS

Formación: Círculo con el director en el centro.
Desarrollo: Al entonar un corito el director caminará alrededor del círculo saludando a cada quinta persona. Estas empezarán a saludar a cada quinta persona yendo en la dirección contraria. Cada una que es saludada caminará en la dirección opuesta al de la persona que le saludó. Dentro de poco todos estarán en movimiento cantando y saludando.

¿COMO TE LLAMAS? UNETE A MI TREN

Formación: Parados en círculo. En el centro habrá tres personas o más, dependiendo del número de grupos que deseen formar.

Desarrollo: Los jugadores en el centro serán las locomotoras y cada uno se acercará a un jugador en el círculo y le preguntará: "¿Cómo te llamas? Al dar su nombre, la "locomotora" lo repetirá y dirá: "Unete a mi tren." Entonces esta persona lo cogerá de la cintura y lo seguirá en forma de tren, pasando por el centro del círculo hasta llegar con otra persona. Se repetirá la acción anterior y al mencionar el nombre se repetirá por cada una de las personas del tren. Cada vez que se una otro vagón al tren todos tienen que atravesar el círculo pasando por un lugar que tendrá señalado con una "X". El juego continuará hasta que todos formen parte de un tren.

Nota: Esta actividad sirve para dividir al grupo en secciones.

LA LLUVIA (Grupo grande)

Formación: Sentados en tres grupos.

Desarrollo: El director asignará un número a cada grupo y les advertirá que debe reinar un silencio profundo en el salón. Dirá que así todos podrán gozar del sonido de la lluvia. Cada sección hará lo que le indique el director y seguirá la acción hasta que se indique un cambio.

La acción en orden consecutiva entre los grupos es la siguiente:

Grupo 1: Frotar las manos.
Grupo 2: Frotar las manos.
Grupo 3: Frotar las manos.

Grupo 1: Castañetear los dedos.
Grupo 2: Castañetear los dedos.
Grupo 3: Castañetear los dedos.

Grupo 1: Dar golpecillos en los muslos.
Grupo 2: Dar golpecillos en los muslos.
Grupo 3: Dar golpecillos en los muslos.

Grupo 1: Golpear el piso con los pies
Grupo 2: Golpear el piso con los pies
Grupo 3: Golpear el piso con los pies

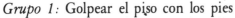

Grupo 1: Dar golpecillos en los muslos.
Grupo 2: Dar golpecillos en los muslos.
Grupo 3: Dar golpecillos en los muslos.

Grupo 1: Castañetear los dedos.
Grupo 2: Castañetear los dedos.
Grupo 3: Castañetear los dedos.

Grupo 1: Frotar las manos.
Grupo 2: Frotar las manos.
Grupo 3: Frotar las manos

Todos cesarán la acción.

"LOS EMBRUJADOS

Desarrollo: Se designará a dos jugadores como los "embrujados". Estos dos se tomarán de la mano y juntos correrán alrededor del salón tratando de tocar a los demás jugadores. Todos los que sean tocados se convertirán en "embrujados", haciendo crecer cada vez más la cadena. Solamente los "embrujados" pueden tocar a los demás jugadores. El juego continúa hasta que todos los jugadores hayan sido tocados.

Se puede jugar de nuevo, escogiendo a otros dos "embrujados".

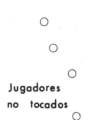

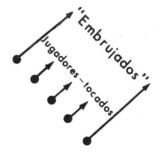

JUEGOS DE COMPETENCIA Y CARRERAS

NUMERO POR FAVOR

Material: Bolsa, varias series de números del 0 al 9 escritas en papeles individuales, para colocar en la bolsa; dos series de números del 0 al 9 escritas en papeles individuales para dar a cada persona.
Formación: Dos filas paralelas de diez jugadores cada una.

Desarrollo: Se les prenderá a la ropa de los jugadores de cada fila un número (de 0 a 9). El director entonces sacará de la bolsa los números, uno por uno, hasta formar una cifra de varios dígitos. Dirá en voz alta la cifra que sacó y los jugadores que tengan estos números en cada fila se alinearán para formarla. La fila que logre hacerlo primero es la ganadora.

CARRERA DE CASCARAS DE HUEVOS

Formación: Seis u ocho personas formando una línea a un extremo del salón.
Material: Cáscaras de huevo para cada participante. Prepare las cáscaras perforándolas en un extremo para vaciar el huevo; abanicos.
Instrucciones: Al dar la señal, los participantes procurarán rodar la cáscara por el suelo hasta el otro extremo del salón soplándola con el abanico. El jugador que logre que su cáscara llegue primero a la meta es el ganador.

Omnibus of Fun por Helen and Larry Eisenberg. Association Press, New York. Usado con permiso.

CARRERA CUADRADA

Formación: Ocho o diez personas sentadas en sillas a cada lado de un cuadrado. Habrá una silla en el centro. (Los puntos encerrados con un círculo en el diagrama indican los líderes de los grupos.)

Desarrollo: Al dar la señal cada líder corre hacia la silla del centro, le da la vuelta y sigue hasta llegar a la última silla de su lado. (Siga la ruta de A en el diagrama.) La última silla estará desocupada porque tan pronto como sale el líder, los demás jugadores avanzan una silla, de tal manera que el número dos toma el lugar del líder. El segundo jugador no podrá correr hasta que no esté sentado el líder, pero tan pronto como él sale corriendo los demás deben avanzar una silla y así sucesivamente. El grupo que primero tenga al líder en su lugar original y que todos estén sentados en el orden en que comenzaron gana. *Variación:* Al líder de cada fila se le entrega una pelota o algún otro objeto. Cuando él se sienta en la última silla, pasa la pelota por la fila a la primera persona quien al recibirla correrá. Cada persona en la fila debe tomar la pelota en sus manos y pasarla.

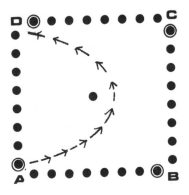

Agnes Durant Pylant, *Fun Plans for Church Recreation*
(Nashville: Broadman Press 1958). Used by permission.

CARRERA DE FAMILIAS

Formación: Se divide al grupo en dos grandes familias. Cada participante del grupo será un miembro de la familia: el padre, la madre, el abuelo, la abuela, el tío, la tía, el hijo, la hija, y dos primos. La familia puede ser más pequeña, si es necesario.

Se señala un árbol o roca como el "centro de emergencia". *Desarrollo:* Al dar la señal el padre de cada familia corre hacia el centro y lo rodea, regresando a su lugar. Toma la mano de la madre y juntos corren hacia el centro, lo rodean y regresan a su lugar. La madre toma la mano del abuelo y los tres hacen el recorrido. El abuelo toma la mano de la abuela y los cuatro corren. La línea se va haciendo más larga y se hace más difícil correr. La familia que primero haga el recorrido junta, gana.

Agnes Durant Pylant, *Fun Plans for Church Recreation*
(Nashville: Broadman Press 1958). Used by permission.

EL ARO

Material: Dos aros.
Formación: Dos filas paralelas.
Desarrollo: A la primera persona de cada fila se le entregará un aro. Al dar la señal éstas pasarán el aro por la cabeza y lo sacarán por los pies; entonces lo pasarán al siguiente jugador de la fila que hará lo mismo. El último jugador de la fila, después de haberse metido en el aro correrá a la meta señalada, dejará el aro y volverá a su lugar. Triunfará la fila cuyo jugador regrese primero a su grupo.

FELIZ AÑO NUEVO

Material: Dos juegos de tarjetas de distintos colores con las letras de "Feliz Año Nuevo" o de otra leyenda de acuerdo con el tema de la reunión social. Cada tarjeta tendrá escrita una sola letra.
Formación: Se dividirá en dos grupos y nombrarán un capitán para cada grupo, señalándole el color que le corresponde.
Desarrollo: Al dar la señal todos empezarán a buscar las tarjetas en las cuales está escrita una letra. El capitán se para en un lugar y menciona la letra que él necesita. Las letras tienen que encontrarse en orden y llevárselas al capitán antes de que él pida la que sigue. El grupo que consiga formar primero "Feliz Año Nuevo" es el que gana.

CARRERA DEL PIZARRON

Formación: Dos grupos.
Desarrollo: La primera persona pasa al pizarrón o a un cartel y escribe la primera palabra de un versículo bíblico o un adagio. La segunda persona al recibir la tiza pasa a escribir la palabra que sigue. El grupo en el que todos sus jugadores pasan primero al pizarrón será el ganador.

TRENZAS PATRIOTICAS

Material: Estambre de colores
Formación: Dos grupos

Desarrollo: Se dividirán los jugadores en dos grupos "Nudos" y "Trenzas". Los "Nudos" se colocarán en un extremo del salón y el grupo "trenzas" al otro extremo. A cada nudo se le darán tres estambres de un metro (de los colores de la bandera). Estos deben unirse para formar un nudo y deberán ser sostenidos firmemente en la mano. Al dar la señal, las "trenzas" correrán a donde están los "nudos" y comenzarán a hacer las trenzas. La pareja que termine primero y lo haga mejor, ganará.

UN SALTO Y UN PASO

Formación: Se forman dos o más filas con el mismo número de jugadores.

Desarrollo: A una señal el primer jugador de cada fila dará un salto y un paso. Se trazará una línea para indicar hasta dónde llegó, y el que sigue en la fila pondrá su talón en dicha línea y dará otro salto y otro paso. Así sigue el juego, y la fila que llegue primero a la meta señalada será la que gane.

BUSQUEDA DEL TESORO

Formación: Dos filas con un capitán para cada grupo.

Desarrollo: El director anuncia que está buscando tesoros y dice el objeto que busca. Los capitanes corren buscando el tesoro nombrado entre su grupo. Por cada tesoro encontrado se asigna un punto. Se juega hasta alcanzar diez puntos. Ejemplos de tesoros: cordón de zapato, broche, cinturón, peine, cuadro, libro, lápiz, etcétera.

COMPETENCIA DE GRUPOS

Formación: Tres o más grupos con un director para cada uno.

Desarrollo: Se designará a cada grupo un número (1, 2, 3). El director contará hasta diez y mencionará un número. Este grupo entonará un corito. El director volverá a contar y mencionará otro número. Cada grupo tiene que ponerse de acuerdo en lo que va a cantar y no puede repetir lo que otro grupo haya cantado. Al hacer esto queda fuera del juego.

¡BASTA!

Formación: Dos grupos de dos jugadores representarán cada grupo.
Materiales: Un cartel con seis o más títulos de temas (*Numerados*).
Ejemplo: Biblia, Flores, Familia, Construcción, Alimentos. Diez palabras relacionadas con cada tema escritas en papeles, llevando cada uno de ellos el número a que corresponde el tema.
Desarrollo: La primera pareja seleccionará el tema que le agrade. Sólo a uno de los jugadores se le dará la lista de palabras que el otro adivinará. El dará a su compañero la clave para identificar la palabra. Los dos tratarán de hacer esto con la mayor rapidez para lograr los diez puntos en un minuto. Al terminarse el tiempo indicado el director gritará: ¡BASTA! Entonces dos jugadores del otro grupo tendrán la oportunidad de competir en la misma forma. Si el juego continúa, se designarán otros representantes.
Ejemplos:
Tema: CARA.- Palabras para adivinar: máscara, bigote, dientes, loción, pestañas, barba, jabón, mejillas, ojos, nariz.
Tema: DAVID.- Palabras para adivinar: pastor, arpa, ovejas, honda, Saúl, ungido, rey, gigante, Salmos, Jonatán.
Tema: NOVIOS.– Palabras para adivinar: anillos, amor, compromiso, boda, damas, nupcial, serenata, luna de miel, matrimonio, recepción.
Tema: MOVIMIENTO.– Palabras para adivinar: péndulo, mecedora, ala, cuna, canoa, hoja, columpio, pájaro, avión, nadador.
Variación: En vez de temas puede tener números tapados en el cartelón y abajo de cada número una palabra para adivinar dando claves.

BAJA UNA ESTRELLA

Formación: Dos grupos compuestos por cuatro personas cada uno sentados frente a frente separados un poco un grupo del otro.
Materiales: Veinte o más estrellas de papel y al reverso de cada una estará escrita una pregunta, y otras veinte que representan las cometas. Algunas de las cometas tendrán escritas en el reverso una pregunta y otras la palabra, TAREA ordenando que haga rápidamente algo como brincar en un pie, inflar un globo, etcétera.
Desarrollo: Se colocarán las estrellas adheridas a una superficie plana (pared o tablero) en tal forma que sea fácil quitarlas. Las cometas

se colocarán al frente y a cierta distancia de las estrellas. Si fuere posible cuélguenlas con unos cordones o una hebra de hilaza.
Los jugadores se turnarán individualmente. Cuando los integrantes del primer grupo hayan participado, seguirá el otro grupo. El director escogerá al jugador, pero no llamará a uno dos veces. El director será quien dé la señal para empezar. El jugador correrá, tomará una estrella y la llevará al director. Este leerá lo que está escrito en el reverso y si dice "Cometa" el jugador correrá a bajar una, la traerá al director. Si le da uno o más puntos, se le toman en cuenta y de inmediato corre por otra estrella. Si es una pregunta, la contesta y corre a tomar otra estrella. Si no contesta correctamente pierde. Cada acierto vale dos puntos. Cada jugador dispone de un minuto. El grupo con más puntos ganará.

CARAS Y GESTOS

Formación: Dos grupos. Se escogen cuatro personas para representar cada grupo. Estos se sientan enfrente en lados opuestos.
Materiales: Tiras de papel en que están escritos refranes, nombres o algo para adivinar; tiras de papel con doce o quince palabras sin relación. También se escribirán estas mismas palabras en un papel y se pondrán en sobres.
Desarrollo: Se entregará un sobre a un jugador de un equipo. El se colocará en pie frente a su equipo. Al abrir el sobre y ver lo que está escrito en el papel mostrará el refrán o palabras al auditorio. Por medio de su cara y gestos, el jugador procurará interpretar lo que está escrito en el papel a su equipo para que él lo adivine. El equipo sólo tiene sesenta segundos para hacerlo. Si logra identificar el escrito, gana diez puntos para su grupo. Si son palabras revueltas se anotarán un punto por cada palabra adivinada.
Si el equipo adivina correctamente el escrito, otro miembro del equipo pasará a recibir otro sobre y por medio de gestos tratará de que el resto lo adivine. Si el equipo no logra adivinar, el turno será del otro equipo que actuará como el anterior.
Variación: Se pueden escoger versículos bíblicos o personajes bíblicos para adivinarlos. Es fácil adaptar este juego al tema de la reunión social.

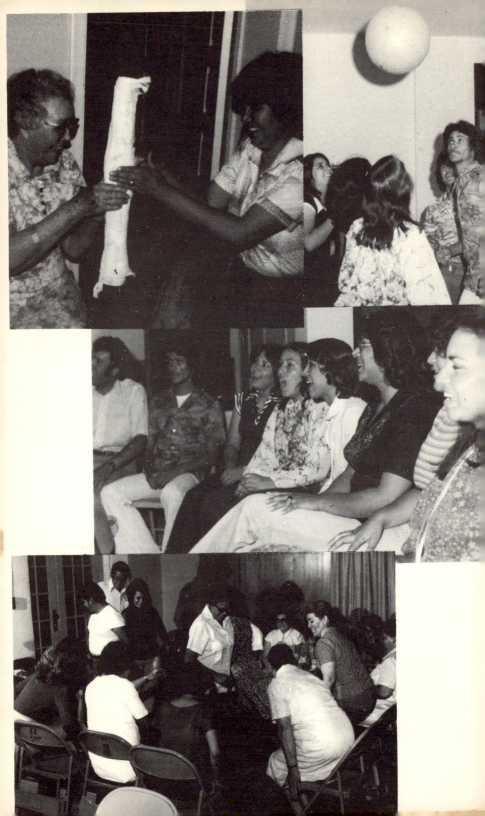

FORMANDO CUADROS

Materiales: Un pizarrón o cartel, tiza o lápiz de color.
Formación: Se dividirá a los jugadores en dos grupos iguales.
Se designará a uno como el grupo "X" y el otro como "Y".
Desarrollo: Se dibujará en el pizarrón o cartel líneas de puntos horizontales y verticales. El primer jugador de cada grupo pasará y unirá dos puntos con una línea horizontal o vertical, pero no diagonal. Se sentarán y otros dos harán lo mismo. Si algún jugador descubre que puede cerrar un cuadro con una línea, lo hará y pondrá su inicial en el centro, a la vez que se le permite trazar otra línea adicional en cualquier lugar que desee. El ganador será el grupo que tenga mayor número de cuadros con sus iniciales.

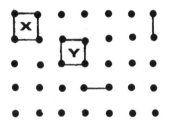

CARRERA DE DULCES

Materiales: Malvaviscos o dulces (bombones) blandos; palillos de dientes; platos.
Formación: Dos o más filas paralelas con el mismo número de jugadores.
Desarrollo: A cierta distancia enfrente de cada fila se colocará un plato con malvaviscos o dulces blandos en los cuales se ha insertado un palillo de dientes. Al dar la señal el primer jugador de cada fila correrá al plato de dulces que corresponde a su fila. El tomará entre los dientes un palillo y sin usar sus manos regresará a la fila y dará de comer el dulce al siguiente jugador. Entonces él tomará su lugar al otro extremo de la fila. El que recibió el dulce tiene que comerlo antes de correr para recoger otro dulce del plato en la misma forma y llevarlo al tercer jugador. Así sigue el juego hasta que todos han participado. La fila que termine primero es la que gana.

SOPLANDO GLOBOS

Material: Ocho o diez globos inflados para cada sección.
Formación: Se formarán varias secciones con igual número de jugadores. Cada sección se sentará en dos filas paralelas.
Desarrollo: Se entregarán a las personas de cada sección cuatro o cinco globos. Al dar la señal, comenzarán a soplar los globos hacia el
otro extremo de la sección procurando hacerlos llegar primero. No se
deben usar las manos, excepto para recogerlos si se llegan a caer.

MATEMATICAS

Material: Papel y lápiz para cada jugador.
Desarrollo: Se pedirá a cada persona que dibuje un cuadro. Entonces
trazará cuatro líneas dividiendo el cuadro en nueve secciones. En
cada sección o cuadro se escribirá un número usando los números del
uno al nueve. No se puede repetir un número más de una vez. Hay
que escribir los números en tal forma que ellos sumarán quince en
cualquier forma que los sumen, horizontal, vertical o diagonalmente.
El secreto es escribir el número cinco en el centro y los números pares
en las esquinas.

4	3	8
9	5	1
2	7	6

ARROJANDO LA BOLA DE ALGODON

Material: Una bola de algodón.
Formación: Los participantes formarán una fila.
Desarrollo: Los participantes arrojarán la bola uno por uno para sa-
ber quién logra tirarla más lejos.

LA LUNA ES REDONDA

Participantes: Cuatro damas y cuatro varones. Estas personas se colocarán enfrente del grupo en forma intercalada.

Desarrollo: El director dirá que van a ver cuántos de ellos pueden calificar para viajar a la luna. Todo lo que tienen que hacer es fijarse bien en lo que hace el director e imitarlo. El se parará enfrente de los participantes, dando la espalda al auditorio. Empezará con el primer hombre diciendo: "Fíjate y haz exactamente lo que yo hago." Con su mano izquierda hará un movimiento circular en el aire y dirá: "La luna es redonda." Todavía usando su mano izquierda dibujará ojos, nariz y boca en el círculo imaginario. El primer hombre repetirá lo que usted ha hecho. Probablemente haga el círculo con la mano derecha y esto lo descartará. Si no lo hace bien hay que decirle: "Siento mucho pero usted no puede ir a la luna."

Siga con la primera dama y haga lo mismo, y así continuará con todos. Unos podrán hacerlo correctamente y otros no. Nadie debe revelar el secreto a los participantes hasta después.

Hay que asegurarse de que el auditorio pueda ver y oír todo. Si hay una plataforma en el salón, los participantes pueden pararse en ella.

UN MINUTO

Desarrollo: Seleccione a una persona para marcar el tiempo y a otra para anotar los puntos.

Se escogerá a una persona para que comience el juego. Ella mencionará una letra y la persona a su derecha tiene que nombrar tantas palabras como pueda que empiecen con dicha letra. Después de un minuto se anotarán el número de las palabras logradas. En seguida esta persona mencionará otra letra y la persona a su derecha hará lo mismo, y así sucesivamente hasta que todos hayan participado. La persona que mencione más palabras ganará el juego.

EL TIEMPO VUELA

Material: Dos globos de diferentes colores.

Formación: Sentados en un círculo.

Desarrollo: Uno de los globos será designado "Tiempo" y será pasado alrededor del círculo o arrojado de una persona a otra. Habrá un jugador en el centro. El tomará el otro globo y procurará alcanzar a "Tiempo" pegándole con su globo. Al lograr hacerlo la última persona que haya tocado a "Tiempo" pasará al centro. Si no hay globos, se pueden usar dos cojines o bolsas rellenas.

Tomado de *Suggestions for Socials* por Ronald F. Keeler, The Standard Publishing Company, Cincinnati, Ohio, 1947. Usado con permiso.

EL GATO Y EL RATON

Materiales: Dos objetos representando al gato y el ratón.

Formación: Sentados en círculo.

Desarrollo: Uno de los objetos (el ratón) será pasado alrededor del círculo. El otro objeto (el gato) se pasará en seguida. El propósito es pasar el gato lo más rápido posible para que alcance al ratón. El gato puede ir en ambas direcciones. La persona que tenga el ratón cuando éste sea alcanzado tiene que dar una prenda o salir del juego.

MANOS HACIA ATRAS

Se pondrá un número o un objeto en la espalda de dos jugadores. Ellos se pararán de frente con sus manos unidas atrás. A una señal dada, cada jugador tratará de ver el número que el otro tiene en la espalda.

COMIENDO A CIEGAS

Materiales: Dos bolsas de papel con diez o más cacahuates (maníes). En vez de bolsas se puede usar vasos o platos; y en vez de los cacahuates (maníes) se pueden usar palomitas de maíz, plátanos sin pelar, etc.

Desarrollo: Se vendarán los ojos de dos jugadores, los cuales estarán sentados frente a frente. Se les entregará a cada uno la bolsa de papel con los cacahuates (maníes) y ellos procurarán darse de comer el uno al otro. Será divertido observar cómo se dan de comer.

DESTREZA A PRUEBA

Material: Una botella de leche o refresco. Seis o más lápices.
Desarrollo: Cada jugador, por turno, se parará enfrente de la botella e intentará echar en ella cada uno de los lápices. El chiste de este juego es que tendrá que pararse derecho, inclinando sólo la cabeza.

ARTE A CIEGAS

Desarrollo: Se escogerán cuatro parejas del grupo. Sobre la cabeza y cara de cada persona se colocará una bolsa de papel y se les entregará a cada una un marcador. Al dar la señal, los jóvenes dibujarán los ojos, la nariz, boca y otros rasgos faciales de su compañera. Se les dará tres minutos para hacer esto. En seguida las señoritas harán lo mismo a su compañero. El auditorio, como juez, decidirá quién hizo el mejor trabajo de arte.

RECHAZO

Materiales: Un corazón rojo grande y nueve corazones chicos. Estos se colocarán dentro del corazón rojo y se rotularán como se ilustra en el dibujo. Algunas monedas o fichas.

Desarrollo: Se colocará el corazón en el piso y los jugadores, parados a una distancia de dos metros, arrojarán las monedas o fichas.

El propósito de este juego es averiguar qué jugador puede pasar del primer corazón hasta el octavo sin tocar el corazón señalado "Rechazo". Al tocar éste el jugador tiene que comenzar de nuevo. Cada jugador tendrá tres oportunidades para lograr la meta.

TRES EN RAYA

Formación: Esta actividad puede desarrollarse por dos personas o dos grupos.

Desarrollo: Se trazarán los dibujos en un cartelón o pizarrón. Se dará a cada grupo un símbolo: uno X y el otro O. Se alternará entre los grupos haciendo preguntas. Los participantes del grupo se pondrán de acuerdo y darán la respuesta. Si contesta correctamente uno del grupo escribirá la seña que le corresponde en uno de los cuadros. Si el grupo no puede contestar, se le dirá la respuesta y seguirá con el otro grupo. El primer grupo (o jugador) que logra tener tres X's o tres O's en una fila gana.

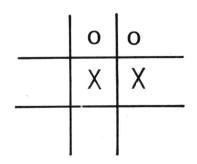

PROFESIONES

Material: Papel

Desarrollo: Escriba varias profesiones u ocupaciones en tiras de papel. Luego recorte las palabras letra por letra, dando a cada letra de una palabra el mismo número. En seguida reparta las letras entre los jugadores y al dar una señal tendrán que agruparse con los jugadores que tengan letras con su mismo número. Una vez que estén todos juntos, tendrán que descubrir qué palabra representan las letras.

Conforme la vayan descubriendo, harán una pequeña representación dramática de la misma. Los demás procurarán adivinar qué profesión representa.

Ejemplo: Los que tengan el No. 2 tendrán: AMTRSOE. Después de ponerse en orden representarán la profesión de maestro. Otras ocupaciones: secretaria, doctor, pastor, albañil, etcétera.

ADIVINANDO EL CUADRO

Material: En un cartelón o en una pizarra dibújense nueve cuadros.

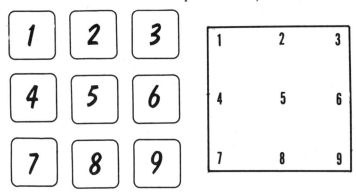

Desarrollo: Una persona saldrá del salón y los demás escogerán un cuadro con el fin de que la persona que ha salido adivine cuál es el que se escogió.

Anteriormente el director y la persona que ha salido del salón se habrán puesto de acuerdo en cuanto a la manera de saber cuál será el cuadro escogido. La clave consiste en el LUGAR que el director toque el primer cuadro, sea éste cual sea, cuando la persona regresa al salón. Los nueve puntos de cada cuadro corresponden a los nueve cuadros, y es importante que el director toque el primer cuadro en el lugar correcto. Por ejemplo, si se escogió el cuadro de arriba en la tercera hilera, el director puede tocar cualquier cuadro cuando pregunte a la persona: "¿Es éste el que fue escogido?" pero al hacerlo debe apuntar el lado derecho en la parte superior del cuadro, o sea en la esquina del mismo. Si el grupo señaló el cuadro del centro, el director tocará cualquier cuadro, pero tendrá cuidado de tocarlo en el centro. En seguida se pueden señalar otros cuadros antes de tocar el que el grupo escogió, pero la persona ya tiene la clave y sabe cuándo se toca el cuadro elegido.

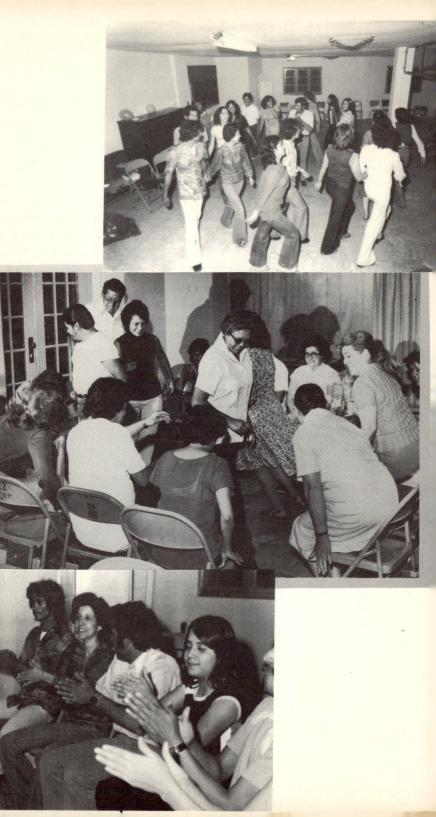

EL JUEGO DEL RITMO

Formación: Sentados en círculo.

Desarrollo: A cada jugador se le asignará un número. Se empieza golpeando a un ritmo lento los muslos con las manos (dos veces), después palmean las manos dos veces (todos a la vez y siempre en ritmo), seguido por el castañeteo de los dedos, primero una vez con la mano izquierda y luego una con la mano derecha. Se empieza de nuevo golpeando las piernas, y se sigue así sin romper el ritmo. Después de un tiempo, se puede ir acelerando el ritmo.

Un jugador ya nombrado empieza el juego. Al castañetear los dedos de la mano izquierda dice su propio número y el número de otro jugador al castañetear los dedos de la mano derecha. La persona que tiene el número nombrado, sin perder el ritmo hace lo mismo cuando llega el momento propicio. El que se confunda y no responda cuando debe, saldrá del juego.

Se va eliminando a los jugadores hasta que queden dos como ganadores.

Variación: Se nombra un presidente, secretario y tesorero. Ellos ocuparán los primeros tres lugares. El juego se desarrollará como se describe arriba, excepto que se hará todo lo posible por que pierdan estos tres jugadores y poder avanzar a sus lugares. La meta es llegar a ser presidente.

LOCURA MUSICAL

Música: Una marcha.

Formación: Un círculo grande.

Desarrollo: Los jugadores marcharán en círculo. Cuando suene el silbato dos veces, los jugadores darán un paso hacia adelante o hacia atrás, o de tal manera que queden lado a lado con otra persona. De dos en dos seguirán marchando. Cuando suene el silbato tres veces, procurarán formar filas de tres, en la misma forma.

Si algunos no alcanzan a formarse, pasarán al centro del círculo hasta que suene el silbato una vez para formar nuevamente un círculo de a uno. Entonces se unirán a los otros.

Agnes Durant Pylant, *Fun Plans for Church Recreation*
(Nashville: Broadman Press 1958). Used by permission.

SUBE Y BAJA

Canto: Un canto con un ritmo bien marcado.

Desarrollo: Pida que un joven y una señorita pasen al frente. El director dará el frente al auditorio con sus brazos extendidos hacia los lados, formando un sube y baja. Los jóvenes se colocarán cara a cara a cada lado del director y tomarán sus manos. La mitad de los presentes se identificarán con el joven y la otra mitad con la señorita. Al cantar, la señorita y su grupo "bajan" (*doblan las rodillas*), y al enderezarse el joven y su grupo bajan. Así siguen bajando y subiendo durante el canto.

Agnes Durant Pylant, *Fun Plans for Church Recreation*
(Nashville: Broadman Press 1958). Used by permission.

CORRE Y AGACHATE

Formación: Filas de tres formando un círculo grande.

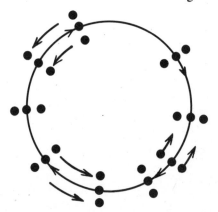

Desarrollo: El grupo marcha en filas de tres personas. A una orden se detienen y el jugador en el centro de cada fila dará media vuelta, quedando en dirección opuesta a los demás. Comienza la música y el círculo de adentro y el de afuera marcharán en una dirección mientras que el del centro marchará en dirección opuesta.

Al cesar la música, cada persona buscará sus compañeros de fila original. Esto causará alguna confusión, pero cuando al fin estén las tres personas juntas, se toman de la mano y se agachan. El grupo que se agache último queda afuera.

Agnes Durant Pylant, *Fun Plans for Church Recreation* (Nashville: Broadman Press 1958). Used by permission.

ORQUESTA DE PEINES

Material: Un peine y un cuadrito de papel de china (celofán) para cada participante.
Desarrollo: Se formarán grupos de diez o más. Cada grupo escogerá un líder. A cada persona se le entregará un peine y un cuadrito de papel de china (celofán). El grupo ensayará un canto tocando el instrumento más antiguo conocido al hombre. Cuando haya terminado el ensayo, todos se reunirán y cada grupo tocará su música para averiguar cuál grupo toca mejor.

EL PALO SE CAYO

Píckity, píckity palo,
Píckity, píckity palo,
Píckity, píckity palo,
El palo se cayó.
El palo se cayó (dos palmadas)
El palo se cayó (dos palmadas)
Pickity, píckity palo,

Pickety, pickety palo,
Pickety, pickety palo,

El palo se cayó (una palmada)

Formación: Las parejas, tomadas de las manos, formarán un círculo con las damas por fuera. Los varones que no tengan pareja se pararán en el centro del círculo y uno de ellos sostendrá un palo.

Desarrollo: Con la melodía el grupo canta y las parejas, saltando, se moverán a la derecha en el círculo. Al dar las primeras dos palmadas, los varones darán media vuelta y seguirán saltando hacia la izquierda, mientras que las damas seguirán hacia la derecha. Entonces los varones en el centro se unirán al círculo de los varones.

Al dar la última palmada se arrojará el palo hacia el centro de círculo y cada varón buscará una compañera. Los que no logren conseguir una pasarán al centro y seguirá el juego.

Variante: Las damas que no tengan pareja se colocarán en el centro del círculo y serán ellas las que tengan que buscar un compañero.

Fun and Festival from Latin America por Ella Huff Kepple, Friendship Press, New York, 1961. Usado con permiso.

TRIQUI, TRIQUI TRAN

Material: Piedras u objetos pequeños para cada jugador.

Formación: Sentados en un círculo.

Desarrollo: Al compás de la música y el canto se irán pasando los objetos de una persona a otra en el círculo. Al llegar a la frase "tri-qui, tri-qui tran"—, cada jugador moverá su piedra a la derecha; a la izquierda y nuevamente a la derecha, dejándola entonces para que la persona a su derecha la tome. El tomará la piedra que su compañero a su izquierda ha dejado y seguirá pasándola. Todos siguen cantando y pasando las piedras para ver cuánto tiempo pasa sin que alguien se equivoque.

Acitrón de un fandango
Zango, zango, sabaré
Sabaré de tarantela
Con su triqui, triqui, tran.

A - ci - trón   de   un   fan - dan-go zan-go, zan-go, sa - ba - ré,

Sa - ba - ré   de ta - ran - te - la con su   tri - qui, tri - qui,   tran.

Tomado de *"Así Juegan los Niños"* por Francisco Moncada García, marzo de 1962. Usado con permiso.

A LA RUEDA DE SAN MIGUEL (juego de Niños)

Desarrollo: Se colocan todos cogidos de las manos formando un círculo, el cual gira al mismo tiempo que cantan los siguientes versos:

> A la rueda, a la rueda
> de San Miguel, San Miguel,
> Todos traen su caja de miel,
> A lo maduro, a lo maduro,
> Que se voltee *fulano* de burro.

Al terminar el coro, el que nombraron cantando, da media vuelta para quedar de espalda y sigue en el círculo, pero con los brazos cruzados, es decir, que da las mismas manos a los jugadores con quienes estaba cogido antes de voltearse.

Vuelve a cantar y a girar el círculo para voltear a otro jugador; así continúa el juego hasta quedar todos volteados de espalda y con los brazos cruzados.

Tomado de *"Así Juegan los Niños"* por Francisco Moncada García, marzo de 1962. Usado con permiso.

IDENTIFICACION

Material: Entregue a cada persona una cuadrícula en la cual se encuentran los nombres de personas que sean fáciles de identificar. Estos pueden escribirse en líneas horizontales, verticales, diagonales o al revés. Se sugiere que empiecen escribiendo los nombres más largos primero y sigan con los otros.

Los espacios sobrantes pueden llenarse con cualquier letra.

Desarrollo: Las personas procurarán descubrir los nombres y encerrarlos con un círculo. El jugador que logre identificar más nombres primero es el que gana. Se dará un tiempo determinado para el juego.

A	L	E	J	A	N	D	R	O	D	O
L	G	L	O	R	E	N	A	I	T	B
M	P	I	R	M	A	C	V	O	F	J
H	M	I	R	Z	A	A	N	L	E	O
N	O	R	M	A	D	I	D	I	T	K
P	E	R	L	A	E	S	S	A	R	A
A	N	A	I	L	M	A	T	E	O	V
F	L	U	C	A	S	P	A	B	L	O
S	A	M	U	E	L	T	J	O	A	B

DESCUBRIENDO EL PAN

Material: Papel para cada jugador o para cada pareja con las palabras "claves" escritas en él, como se ve en la columna a la izquierda; lápices.

Desarrollo: Los jugadores procurarán identificar las palabras claves con alguna palabra que tiene la palabra "PAN" y escribirlas opuesta a dicha "clave".

Organo del cuerpo ....*(pan*creas)
Flor.. (tuli*pan)*
Compañía aérea .... *(Pan* Americana)
Vista..*(pan*orama)
Remedio .... *(pan*acea)
País..*(Panamá)*
Extensión .... (ex*pan*sión)
Mundo (Raza) ....(His*pan*o)
Trapito.. *(pañ*uelo)
Zapatos...*(pan*tunflas)
Gordo .... *(pan*zón)
Muertos .... *(pan*teón)
Instrumento musical .... *(pan*dero)
Repica.. (cam*pan*a)
Drama .... *(pan*tomima)
Animal...*(pan*tera)
Lodozo .... *(pan*tano)
Desorden.. *(pan*demonio)
Abeja.. *(pan*al)
Terror .... (es*pan*to)

VARIEDAD DE OJOS

Material: Papel con las siguientes frases escritas y lápices para cada jugador o cada pareja.

Desarrollo: Según la frase clave se escribirá una palabra al lado de cada una. Estas palabras tienen la palabra "ojo" como una parte de ellas.

1. Un ojo que arrastra ....(rastro*jo*)
2. Un ojo que cierra ....(cerro*jo*)
3. Ojos en racimos.. (mano*jos*)
4. Un ojo que rasca ....(pio*jo*)
5. Un ojo desnivelado ....(co*jo*)
6. Un ojo torcido o bullanguero ....(panto*jo*)
7. Un ojo colorado... (ro*jo*)
8. Un ojo mojado...(remo*jo*)
9. Un ojo bravo... (eno*jo*)
10. Un ojo caprichoso .... (anto*jo*)
11. Ojos de cristal... (anteo*jos*)
12. Un ojo que es una sandalia ....(*ojo*ta)
13. Un ojo que es una planta .... (to*jo*)
14. Un ojo que es desperdicio ....(malo*jo*)

CALIFICACION

Material: Papel y lápiz para cada participante.

Desarrollo: Pida a cada jugador que escriba su nombre en forma de acróstico y anote al lado de cada letra una palabra que lo describa. En seguida cada persona mencionará una de las características que haya escrito y con las mismas letras escribirá la característica de un discípulo de Cristo. Y así sucesivamente irá haciendo cada persona.

Pregunte: ¿Cómo se compara usted con el discípulo? ¿En qué estamos faltando? ¿Cómo queremos ser? Haga un llamamiento a una mayor dedicación al Señor.

DESCUBRIENDO LA PALABRA

Material: Copias de las siguientes inscripciones y lápices para cada participante.

Desarrollo: Se escribirán en los espacios después de la frase "CAN" a la palabra correspondiente a la clave.

Can - - -   La tierra prometida a los Israelitas
Can - - -   Dominio Británico en América del Norte
Can - - - - Un pajarito.
Can - - - - - Anular un documento

Can - - -	Una especia
Can -	Cabello blanco
Can - -	Barquito
Can - - -	Fatigar
Can - -	Vasija grande de barro
Can - - - - -	Porción grande
Can - - -	Lámpara de aceite
Can - - - - - - -	Persona que se propone para un cargo
Can - -	Río excavado o cauce artificial
Can - - - -	Cesto
Can - - -	Un perro
Can - - - -	Composición poética cantable
Can - - - -	Animal de Australia
Can - - -	Claridad
Can - - -	Peñasco grande

Respuestas: Canaán, Canadá, canario, cancelar, canela, cana, canoa, cansar, cántaro, cantidad, candil, candidato, canal, canasto, canino, canción, canguro, candor, cantera.

¿COMO SE LLAMA? ¿CUANDO NACIO? ¿DONDE VIVE?

Materiales: Papel y lápiz para cada persona.

Desarrollo: Cada jugador escribirá su nombre en forma de acróstico en el papel y lo cambiará con otra persona. En seguida cada uno se acerca a las personas en el grupo y pide información de ellos procurando llenar los espacios con palabras cuya letra empieza con las mismas que se encuentran en el acróstico. Puede ser el mes en que ellos nacieron, el estado o la ciudad de nacimiento, su nombre o apellido, el nombre de su iglesia, etcétera. El jugador que llene todos los espacios primero es el ganador.

DRAMAS CORTOS (COMICOS)

IDENTIFIQUE AQUELLA NARIZ

Escoja a cinco parejas casadas. Los hombres se sentarán y sus esposas se pararán detrás de ellos. Se colocará una venda en los ojos de las damas y serán cambiadas de posición. En seguida ellas, una por una, procurarán identificar a su esposo tocándoles solamente la nariz. El director tendrá que guiar sus manos para no permitirles tocar otra parte de la cara. Cuando ellas piensen que han identificado a su esposo, se colocarán detrás de la silla correspondiente. Cuando todas hayan tenido la oportunidad de identificar a su esposo, se quitarán las vendas. Los hombres deben sentarse de tal manera que el auditorio pueda verlos.

Variación: Si se usa este juego con los jóvenes, se escogerá a algunos de ellos y serán colocados detrás de un cartón grande en que están recortadas algunas aberturas en forma triangular. Los participantes introducirán su nariz en éstas y el auditorio procurará identificarlas.

LA FANTASIA

Desarrollo: Con un marcador o lapicero se dibujará la cabeza y cara de una persona en una funda.

Alguna persona de corta estatura puede ponerse la funda, colocando los brazos dentro de ella. Hay que arreglar la funda hasta que la cara dé el efecto que se desea. Alrededor de la cintura se amarrará un suéter grande que le llegue casi a los tobillos. Las mangas se rellenarán con papel o trapos para simular los brazos. Esta criatura resultará muy curiosa cuando sea conducida frente al auditorio. Si hay dos o tres de ellas pueden hacer ejercicios rítmicos y marchas para divertir al grupo. Hay que seleccionar a personas que desarrollarán bien el papel.

ADELANTOS EN LA CIENCIA MEDICA

Personajes: El doctor y un paciente.
Escenario: Consultorio de un médico.
Paciente: Buenos días, doctor. Aquí me encuentro de nuevo.
Doctor: ¿Y cuál es su problema ahora?
Paciente: Sigo padeciendo del estómago, doctor.

Doctor: Lo siento mucho. Tendremos que volver a examinarlo.

Paciente: Pero doctor, en la actualidad están haciendo muchos y grandes adelantos en el campo de la medicina, ¿no es verdad?

Doctor: Seguro que sí.

Paciente: Entonces, ¿por qué no puede uno de estos milagros sanarme a mí?

Doctor: Tal cosa es posible si se encuentra algo para aliviar lo que tiene.

Paciente: ¡Quizá algún día! Pero ¿qué dice ahora acerca de mi condición?

Doctor: ¿Padece hambre en las noches?

Paciente: ¡Oh, sí, mucha hambre!

Doctor: Entonces lo que voy a recetar es que coma bastante antes de acostarse.

Paciente: Pero, doctor, usted mismo me dijo hace un mes que no tomara nada por las noches.

Doctor: ¿Dije eso? eso demuestra el progreso que se ha hecho en la profesión médica en los últimos treinta días.

Omnibus of Fun por Helen and Larry Eisenberg. Association Press, New York. Usado con permiso.

COMO OBTENER LA PAZ

Personajes: Camarero, dos mujeres y otros pasajeros.

Escenario: Un tren.

Primera mujer: No me importa lo que usted diga, hace tanto calor aquí que me siento sofocada.

Segunda mujer: Pero, hace demasiado frío para abrir la ventana.

Primera mujer: Muy bien, llamaremos al camarero. (Lo llama)

Segunda mujer: Camarero, queremos que resuelva la diferencia que existe entre nosotros.

Camarero: ¿Y cuál es?

Primera mujer: Ella quiere tener cerrada la ventana, y hace tanto calor aquí que no lo puedo aguantar.

Segunda mujer: Y si se abre la ventana, estoy segura que me voy a resfriar y morir.

Camarero: (rascándose la cabeza): Bueno, no sé qué hacer en este caso.

Caballero: Le diré lo que debe hacer, señor. Primero abra la ventana. Así morirá una de ellas. Entonces la cierra y eso resultará en la muerte de la otra. Después, los demás podremos gozar de tranquilidad y paz.

Omnibus of Fun por Helen and Larry Eisenberg. Association Press, New York. Usado con permiso.

EL REY QUE TENIA UN GENIO TERRIBLE

Dividir a los concurrentes en seis grupos, uno por cada personaje. Cada grupo debe hacer el sonido correspondiente cuando se menciona su personaje en la lectura del relato.

Personajes	Sonido
1. El rey	G-r-r-r-r
2. La hija gorda	Ka-plunk
3. La hija flaca	Silbido
4. La hija hermosa	A-a-a-ah
5. Príncipe encantado	A-já
6. El caballo galopante	Ruido de galope con los pies

Había una vez un rey que tenía un genio terrible *(g-r-r-r-)*. Tenía tres hijas. La mayor era muy gorda *(ka-plunk)*, la segunda era muy flaca *(silbido)*; pero la más joven era muy hermosa *(a-a-a-ah)*.

En un reino vecino vivía un príncipe encantado *(a-já)*. Un día montó su caballo galopante *(ruido de galope con los pies)* y cabalgó hasta llegar al palacio del rey que tenía un genio terrible *(g-r-r-r)*.

—He venido —dijo— para buscar esposa de entre tus hijas *(ka-plunk, silbido, a-a-ah)*.

Primero le presentaron a la mayor y, en fin, la hija más gorda *(ka-plunk)*. —Comería mucho —pensó el príncipe encantado *(a-já)*.

Entonces le trajeron a la hija flaca *(silbido)*. No le gustó tampoco y dijo:

—¡He oído que tienes una hija joven y hermosa! *(a-a-a-ah)* Esto enfureció al rey del genio terrible *(gr-r-r-r-)*. Dijo él:

—¡No pretendas robarme a mi hijita menor! *(a-a-ah)*

—Pues lo siento —fue la respuesta—. Pero no puedo amar a tu hija mayor *(ka-plunk)* y no me gusta tu hija flaca *(silbido)*.

En ese preciso instante apareció la más joven y la más hermosa de las hijas *(a-a-a-ah)*. El corazón del príncipe encantado se llenó de emoción (a-já) y exclamó:

—¡Me quedo con tu hija menor!

Sus palabras enfurecieron al rey del genio terrible *(gr-r-r-r-)*
—¡Llamen a los guardias! —tronó—. Y quiten de mi presencia a
este príncipe descarado *(a-já)*.

Pero el príncipe tomó inmediatamente en sus brazos a la princesa *(a-a-a-ah)* que enseguida se enamoró de él. En un abrir y cerrar
de ojos salieron del aposento antes de que los demás pudieran reac-
cionar. Cuando por fin la corte entera salió a las puertas del palacio
lo único que pudieron ver fue una nube de polvo alzada por los cascos
del caballo galopante *(ruido de galope con los pies simulando que se
va perdiendo en la distancia)*.

Y así termina, señoras y señores, la romántica historia del rey
que tenía un genio terrible *(gr-r-r-r)*, su hija gorda *(ka-plunk)*, su
hija flaca *(silbido)*, su hija hermosa *(a-a-ah)* y el príncipe encantado
(a-já) y su caballo galopante *(ruido de galope con los pies)*.

Tomado de *Handy Stunts*, Usado con permiso.

PROGRAMAS
DE RADIO MEZCLADOS

Personajes: Dos personas colocadas detrás de un biombo leerán el
diálogo. Ellas deben ensayar la lectura para que sus voces se empal-
men en la última parte de cada frase.
Escenario: Un biombo o cortina; una mesa y un radio.
Desarrollo: Se introducirá el programa de una manera interesante.
Puede decir algo como esto:

Creo que cada persona presente tendrá interés en escuchar un
programa que será transmitido por radio. Consiste de un programa
de un director de calistenia y ejercicios—un asunto de sumo interés
para todos los que queremos conservar en buenas condiciones nuestro
cuerpo. Hay un problema que se nos presenta. La estación de la cual
se transmite este programa está tan cerca de la otra que a menudo se
empalman las voces. Parece que en la otra estación están transmi-
tiendo un programa culinario, dando algunas recetas. Ojalá que todos puedan entender y seguir las instrucciones del director de calistenia y ejercicios.

AMBOS: Buenas tardes, damas y caballeros del público radioyente.

COCINERO: Habla Antonio, el cocinero mágico, trayéndoles una receta especial esta noche...

RENE: Habla René, su director de calistenia y ejercicios, garantizados a ser lo que el médico ordenó...

COCINERO: Aquellos ricos pastelitos—exactamente lo que necesitan...

RENE: Para aquellas caderas gruesas. Siéntese en una silla, sosteniéndose del respaldo...

COCINERO: Mezcle un tercio de taza de harina y una cucharada de azúcar en la batidora.

RENE: Ahora, sin doblar la rodilla, levante su pierna izquierda tan alto como pueda...

COCINERO: Agregue un poco de sal.

RENE: Procure levantar la pierna un poco más alto mientras que...

COCINERO: Mezcla un huevo y la yema de otro, añadiéndolos a la batidora.

RENE: Sostenga la posición y cuente hasta ocho. Ahora baje la pierna.

COCINERO: Bátala bien y métala al refrigerador por varias horas hasta que se espese.

RENE: Haga lo mismo con la otra pierna.

COCINERO: Ahora caliente un sartén hasta que una gota de agua brinque sobre la superficie.

RENE: Desarrolle esto lentamente y con control.

COCINERO: Engrase el sartén y vacíe en él dos cucharadas de la mezcla.

RENE: Puede aumentar la cuenta uno cada día.

COCINERO: Quite el sartén del fuego...

RENE: Practíquelo hasta que llegue a ocho...

COCINERO: Muévalo de un lado a otro...

RENE: Y notará que la gordura de las caderas irá disminuyendo...

COCINERO: Hasta que la mezcla cubra la superficie.

RENE: El siguiente ejercicio de hoy consiste en acostarse de espaldas en el suelo...

COCINERO: Ahora regrese el sartén al fuego cociendo el pastelito hasta que se dore de un lado.

RENE: Extienda sus brazos hacia los lados...

COCINERO: Esto requerirá aproximadamente un minuto y medio

RENE: Extiéndalos hasta donde pueda...

COCINERO: Ahora sáquelo invirtiendo el sartén sobre una toalla de papel.

RENE: Alce los brazos tan alto como pueda...

COCINERO: Cocine el resto de los pastelitos de la misma manera.

RENE: Y deténgalos sobre la cabeza.

COCINERO: Ahora haga una crema de almendras y

RENE: Menee los brazos...

COCINERO: Untela al lado que no se ha dorado...

RENE: Juntándolos sobre la cabeza.

COCINERO: Enróllelos y colóquelos con el doblez hacia abajo...

RENE: Para tocar los dedos de los pies.

COCINERO: En un refractario untado de mantequilla...

RENE: Sostenga derechas sus rodillas y piernas.

COCINERO: Entonces únteles mantequilla y métalos a un horno tibio hasta que se calienten.

RENE: Aumente la cuenta poco a poco con el fin de fortalecer los músculos del estómago.

COCINERO: Sáquelo y rocíelos con chocolate rallado y azúcar glasé.

RENE: Estos ejercicios le harán rebajar para que pueda lucir esos lindos modelos de primavera.

COCINERO: Querrá servirlos calientitos con crema...

AMBOS: ¡Disfrútelos!

EL ROMANCE FATAL

PERSONAJES

El rey	La hermosa princesa
La reina fiel	El telón
El duque buen mozo	El gatito

OBSERVACIONES

EL diálogo se hará exactamente como está escrito. Cada personaje recita su parte diciendo las acciones que debe hacer al mismo tiempo que las hace. Las expresiones exageradas, la acción vigorosa, los trajes cómicos y otra utilería improvisada hará de esta obrita un entretenimiento muy divertido que requiere poca preparación. (Notar la alternativa para el final.)

ESCENA I

TELON: Se levanta el telón para la primera escena.

REY: Entra el rey.

REINA: Seguido por su reina fiel.

REY: Se sienta en el trono, cetro en mano.

REINA: La reina se para graciosamente a su lado, mirándolo con ternura.—Mi señor —le dice cariñosamente— ¿por qué guardamos a la princesa de los ojos de los hombres? ¿Por qué no permites que se case?

REY: Hace un gesto recio. —Mi reina —contesta tercamente —mil veces te lo he dicho, la princesa no será la esposa de ningún hombre.

DUQUE: Entra el duque buen mozo. —Oh rey —dice en tono varonil— traigo un mensaje de vital importancia

PRINCESA: La princesa entra por la izquierda. Al ver al duque buen mozo queda sorprendida y confusa. Se ruboriza y esto aumenta su hermosura.

DUQUE: Al verla el duque se enamora locamente.

REY: El rey, nervioso, se pone de pie. —Habla —le grita al duque, y vete cuanto antes.

DUQUE: Sigue mirando embelesado a la princesa. Ha olvidado el mensaje que traía.

PRINCESA: La bella doncella se ruboriza aún más y baja la vista.

REINA: —Hija —dice la reina— ¿por qué has entrado aquí sin permiso?

PRINCESA: Abre la boca para hablar.

DUQUE: El duque contiene la respiración.

PRINCESA: —Alás —dice la doncella en un tono tan dulce que las palabras parecen que se le derriten en la boca—, se me escapó mi gatito de Angora y no lo puedo encontrar.

DUQUE: —Bella princesa —exclama el duque en tonos entrecortados por la emoción— servirte será una alegría. Juro encontrar al gatito. Sale dando grandes pasos y haciendo alarde de valentía.

REY: —¡Detenlo: ¡Detenlo: —grita con fiereza el rey—. Mis sirvientes buscarán el gato para la princesa. Sale el rey.

REINA: Seguido por su reina fiel.

TELON: Cae el telón.

ESCENA II

TELON: Se levanta el telón para la segunda escena.

PRINCESA: La hermosa princesa está de pie ante la ventana. Oye en la distancia el galope de un caballo. —Es él —exclama; colocando sus manos sobre su palpitante corazón.

REY: Entra el rey.

REINA: Seguido por su reina fiel.

DUQUE: El duque entra saltando con entusiasmo, gato en mano.

PRINCESA: —Mi gatito, mi gatito —exclama la princesa con alegría. Toma al animalito en sus brazos pero sus ojos siguen clavados en la recia figura del duque.

REY: El rey está loco de celos.

DUQUE: El duque cae de rodillas ante el rey. —Oh rey —le dice orgullosamente—, he encontrado el gatito. Espero como recompensa la mano de la princesa.

REY: El rey tiembla de ira. —Vete —grita furiosamente—. La mano de la princesa no será ganada por un gato.

DUQUE: El duque se retira. Al pasar junto a la princesa toma su suave mano. —Volveré —le susurra al oído.

PRINCESA: La princesa no responde, pero sus claros ojos azules reflejan el secreto de su alma.

TELON: Cae el telón.

ESCENA IIII

TELON: Se levanta el telón sobre la tercera y fatal escena.

REY: El rey, malhumorado, está de pie en el centro del escenario.

REINA: La reina, triste, está de pie a su lado. —Mi Señor —le dice en tono suplicante— debes ceder. La princesa llora noche y día y no tiene consuelo.

REY: El rey le da la espalda. —No digas nada —responde en tono áspero.
REINA: La reina llora.
DUQUE: Entra el duque, con su espada al costado. —Oh rey —dice lívido de pasión—, por última vez te pido la mano de tu hija.
REY: El rey lo rechaza. —Vete —le grita una vez más.
DUQUE: El duque saca su espada. Hiere al rey.
REY: El rey emite sonidos entrecortados y cae muerto.
REINA: —Mi señor, mi señor —gime la reina apasionadamente y cae muerta sobre el rey.
DUQUE: —Oh insensato de mi, ¡que he hecho! —exclama angustiadamente el duque. Toma una copa de veneno y cae muerto.
PRINCESA: Oyendo la exclamación, la princesa entra y queda atónita ante el horrible cuadro que se presenta ante sus ojos. —Pobre de mí —exclama moviendo sus hermosos brazos—. Muero de pena. Cae muerta junto a su amado.
REY: Llorad, llorad, el rey ha muerto.
REINA: ¡Oh! la reina ha muerto.
PRINCESA: La princesa ha muerto y aun en la muerte es bella.
TELON: Cae el telón.

EPILOGO
TELON: Se levanta el telón para el epílogo.
REY: El rey sigue muerto.
DUQUE: El duque buen mozo sigue muerto.
REINA: La reina fiel sigue muerta.
PRINCESA: La hermosa princesa sigue muerta y aun en la muerte es amada.
TELON: El telón cae para siempre.

ALTERNATIVA PARA EL FINAL
(Para reemplazar la Escena III y el Epílogo)
Algunos prefieren que el rey ceda y dé la mano de la princesa al duque en lugar de la muerte de todos los personajes.

En este caso la tercer escena comienza con una reunión de la corte, agregando damas y caballeros. El rey manda a un mensajero que traiga al duque al palacio. Al llegar se le da la buena noticia. Se trae a los músicos y la fiesta comienza con gran algarabía.

Tomado de *Handy Stunts*, Usado con permiso.

UNA NIÑA TORPE
(Diálogo)

Escenario: Una mesa, libros y dos sillas.

Srta. Murillo: (Entra y se sienta en la mesa) Mi primera mañana con Florencia, mi nueva alumna; la niña más desagradable y torpe que jamás conocí. Creo que la providencia debía haber arreglado un planeta separado para niños como ella y desarrollarlos en una incubadora hasta su madurez. Su madre dice que es extremadamente retrasada y su padre le permite hacer todo lo que quiere. Bueno, solo ahora espero controlar mi mal genio durante este día para obtener mi sueldo por adelantado. No me preocuparé por tenerlo en el futuro. (Parada)

Florencia: (Entra corriendo y empuja la señorita en su asiento) Buenos días, Señorita Murillo.

Srta. Murillo: ¡Caramba! Buenos días, queridísima. (Pensando en voz alta) ¡Muchacha impertinente! (Dirigiéndose a la niña) Qué sonrisa tan comprometedora tienes esta mañana. Ahora, siéntate, querida.

Florencia: Es la segunda vez que me llamas querida en esta mañana y mi mamá no admite tanta familiaridad en una amistad tan reciente. Déjeme contarle de un perrito que saltó y le rompió su vestido...

Srta. Murillo: (Interrumpiendo) Mi querida niña—que—que Florencia.

Florencia: ¿Qué le pasa? ¿Algún dolor?

Srta. Murillo: (A solas) Dolor al pensar que no pedí más sueldo. (Dirigiéndose a la niña) Tú eres una víbora muy brillante—niña quería decir. Tendré que trabajar mucho para controlarte. Ahora ten la bondad de sentarte en esa silla. Ahora, siéntate en ella; no te arrodilles y no me mires de hito en hito. ¿Qué estás viendo?

Florencia: Solamente estaba viendo el color de su vestido.

Srta. Murillo: ¿Es la manera respetuosa de contestar a tu maestra? Piensa un momento.

Florencia: Pero mi mamá no quiere que piense.

Srta. Murillo: Siéntate en este instante o te . . . Bueno, comenzaremos con algunas preguntas de geografía para saber dónde estás.

Florencia: Yo sé donde estoy, en el segundo piso de . . .

Srta. Murillo: (Suena la campana para llamar la atención) ¿Qué es un promontorio?

Florencia: Ah, yo sé que es, es una tierra donde hay lumbre y azufre todo el tiempo. Mi prima Lucía me lo dijo. (Florencia recarga la silla)

Srta. Murillo: No pongas atención a lo que tu prima dice. No muevas así tu silla.

Florencia: ¿Por qué?

Srta. Murillo: ¿Por qué? Porque te vas a caer hacia atrás.

Florencia: Bueno, mi papá dice que de todas maneras soy atrasada.

Srta. Murillo: No te fijes en lo que tu padre dice: atiende a lo que te digo. ¿Qué es una onda de conmoción?

Florencia: Estoy segura de saberlo. Esto se consigue en el salón de belleza. Su cabello, ¿es natural o artificial?

Srta. Murillo: Incorrecto. Empezaremos nuevamente la geografía en nuestra próxima lección.

Florencia: Pero no quiero saber geografía hasta que me case y empiece mi luna de miel. Cuando me case con el primero voy a ir a Europa; cuando me case con el segundo . . .¿Qué le pasa, Srta? Se ve muy cansada.

Srta. Murillo: Me estoy recobrando. Silencio y no me digas más. ¿Hasta dónde llegaste en aritmética?

Florencia: Hasta la página dos y luego mi perrito rompió mi libro y después él podía contar su edad ladrando. Ah, no puede decir su edad, porque se moriría antes de terminar, pero sí, los años de la gente joven, usted sabe.

Srta. Murillo: (Muy disgustada) ¿Sabes tú alguna cosa en aritmética?

Florencia: Seguro que sí. ¿No lo cree usted? La multiplicación me es provocación; la división me da igual; la resta es la que me confunde; y la suma me irrita.

Srta. Murillo: Muy bien, ahora creo que tomaremos fracciones comunes.

Florencia: No, de ninguna manera. Mi mamá es de sociedad y dice que todas las cosas comunes le dan rabia de gato. Un día mi papá andaba con su camisa de mangas cortas...y...

Srta. Murillo: No estoy interesada en tu papá —esta lección es...

Florencia: ¿Ah no? Mi prima Lucía me dijo que usted se ve como una persona desesperada y que se interesa en cualquier hombre.

Srta. Murillo: Cambiaremos el asunto.

FLORENCIA: Yo prefería que cambiara el vestido. Ese se ve de color de pan de jenjibre. Yo siempre lo odio.

Srta. Murillo: (Pensando en voz alta) Estoy llegando a la conclusión. (Dirigiéndose a la niña) Ahora tendremos una lección en aritmética mental. Por ejemplo, supongamos que hay tres manzanas en una mesa.

Florencia: ¿Manzanas rojas?

Srta. Murillo: Dos en otra.

Florencia: Las verdes son tan buenas.

Srta. Murillo: Y una sobre el tablero de la chimenea. ¿Qué harán ellas?

Florencia: Dolor del estómago si se las comieran todas y pastel de manzana si no.

Srta. Murillo: No me hables así. (La empuja en su silla)

Florencia: Pues, y no me empuje así.

Srta. Murillo: Silencio, no me contestes más. Pasemos al estudio de tu gramática. ¿Cuántas partes de la oración hay? (Se repite tres veces) ¿Por qué no me contestas?

Florencia: Usted me dijo que no le contestara y por eso no lo hago.

Srta. Murillo: No quería decir que no habías de contestar a mis preguntas.

Florencia: Entonces, ¿Por qué no dice lo que quiere decir?

Srta. Murillo: La verdad es que no puedes contestar. Tu eres sin excepción la niña más retrasada. (Florencia coge el libro de su maestra) Dáme ese libro.

Florencia: (Corre alrededor de la mesa) No quiero.

Srta. Murillo: Pero tú tendrás que obedecerme. Dame el libro en este momento. (Corre tras de Florencia) (Pensando en voz alta) Oh, no puedo alcanzarla, es muy ligera, pero no quiero que ella sepa que me ha vencido. (Dirigiéndose a la niña) Ven, mi querida. Estaba solamente corriendo tras de ti por darte un poco de ejercicio. Quédate con el libro porque ya había terminado con él. Ahora muy derechita recita una poesía.

Florencia: (Aprisa) Pajarito, pajarito que cantas...

Srta. Murillo: ¡Espera! ¡Espera! Pon tus manos a los lados, los pies juntos, primera posición.

Florencia: No me gusta pararme así.

Srta. Murillo: No dudo que tú piensas que tu propia manera es la mejor, pero tienes que aprender a hacer como yo te indico. Ahora, procede.

Florencia: Déjame decir otra—El pato y el canguro.

Srta. Murillo: Pues, no tengo una idea quién será el autor, pero sigue; las manos a tu lado, pies juntos, primera posición.

Florencia: Oh, pero no puedo recitar ésta así porque tengo que hacer muchos movimientos con los pies y manos.

Srta. Murillo: Pues, dilo como quieras, solamente que lo digas pronto.

Florencia: (Brincando alrededor de la mesa)

Dijo el pato al canguro como saltas y brincas tú.
A través de la tierra y el mar
Como si no hubiera de cesar.
Dijo el canguro, estoy listo para dejar al pato
Que me siga—al punto de mi cola.

Florencia: ¿Le gusta? (Empujando la Srta. Murillo en su silla).

Srta. Murillo: Que si me gusta. ¿A quién le gustaría ser empujada así? Pide la disculpa en este momento. Dí, "siento mucho, le pido que me disculpe, mi querida maestra".

Florencia: Lo siento mucho; favor de disculparme.

Srta. Murillo: Mi querida.

Florencia: Oh, señorita Murillo, ¿cuánto tiempo piensa usted que necesitaría un canguro para saltar alrededor del mundo.

Srta. Murillo: No será posible; pues allí es el fin.

Florencia: No, la cola es el fin de él.

Srta. Murillo: Siéntate y no digas otra palabra hasta que yo te diga o te castigaré. Voy a ponerte una tarea. (Escribe y Florencia se le acerca y examina su pelo.) ¿Qué quieres tú?

Florencia: Sólo estaba fijándome en el color de su pelo. Es muy curioso.

Srta. Murillo: ¡Curioso! Se ha dicho de mi pelo muchas cosas, sí muchas pero nunca lo han llamado curioso. ¿Qué quieres decir, niña?

Florencia: Oh, parece ser de muchos colores, rojo, blanco azul...

Srta. Murillo: Silencio y atiende a tus propios asuntos.

Florencia: (Pensando en voz alta) Ahora está enojada y tengo que ganar su buena disposición otra vez. Oh señorita, mi mamá dijo algo muy bueno acerca de usted.

Srta. Murillo: De veras, desde luego reconocí que tu madre era una persona de buen gusto. Bien.

Florencia: Si, estoy bien.

Srta. Murillo: Pero no me vas a decir la cosa buena que dijo tu mamá.

Florencia: Oh, sí, mi mamá dijo que su nariz parecía un paracaídas y luego cambió y se parece una joroba, y mi papá dijo que usted estará muy contenta al tener cualquier trabajo.

Srta. Murillo: Indecible, atroz e insultante, vé, dí a tu padre que yo quiero hablarle de una vez. (Pensando en voz alta) Le diré que tengo necesidad de dinero y pediré un mes de mi sueldo y luego saldré en el primer tren. (Dirigiéndose a la niña) Dí a tu padre que venga inmediatamente.

Florencia: Muy bien, pero no debe pedir dinero porque no tendrá ningún resultado con mi papá.

Srta. Murillo: Y ¿Cómo sabes tú que no recibiré mi sueldo por adelantando si yo lo pido? ¿Dónde está él? Déjame verlo pronto.

Florencia: Está en el jardín regando, pero tenga cuidado y no se aproxime muy de repente porque puede mojarse.

(Sale la señorita Murillo)

Florencia: Oh, bueno, ahora ella se va. ¿Cómo me gusta cambiar de maestras y es la mejor manera para mi mamá y papá corregir mis defectos torpes...

Srta. Murillo: (Se oyen gritos de fuera)

Florencia: (Asomándose por la puerta) Oh, pasó ella demasiado cerca de la manguera. ¡Oh! ¡Oh! Qué lástima que yo no la vi.

¡POBRE CHICO!
(*Monólogo*)

(Una persona habla y otra la escucha y la consuela.)

(_____), tenía un perrito. (*Llora*)

Mi perrito se llamaba Chico. ¡Pobrecito Chico! (*Llora*)

Yo quería mucho a mi perrito. (*Llora*)

Pero, sabes (_____) Chico tenía pulgas. (*Llora*)
Y no sabía qué hacer para quitarle las pulgas. (*Llora*)
Pregunté a _____ (*Llora*)
Y él me dijo que no sabía qué hacer. (*Llora*)
Entonces pregunté a _____, (*Llora*)
Y ella tampoco supo decirme qué hacer. (*Llora*)
Por fin pregunté a _____ (*Llora*)
Y él me dijo lo que debía hacer. (*Llora*)
¡Y lo hice! (*Llora*)
Me dijo que bañara a Chico en gasolina. (*Llora*)
Y lo hice. (*Llora*)
Entonces, me dijo que prendiera un cerillo a su cola. (*Llora)*
¡Y lo hice! (*Llora*)
Y sabes _____ (*Llora*)
No quedó nada de Chico sino un montoncito de ceniza, (*Llora*)
Y encima de la ceniza estaba una pulguita negra. (*Llora*)
¡Pobre Chico! (*Llora*)

Nota: En los espacios se pueden usar nombres de personas presentes.

EL MONSTRUO UNICO

Director: En esta ocasión tengo el privilegio de mostrarles al monstruo más feo del mundo. Por un arreglo especial esta criatura ha sido traída para ser presentada ante ustedes.

(Uno de los ayudantes conducirá al monstruo a la plataforma. Irá tapado con una cobija o sábana y se parará dando la espalda al auditorio.)

Director: Voy a permitir que solamente dos o tres personas vean esta criatura.

(Pida voluntarios, pero pase a la plataforma a tres personas que ya ha seleccionado anteriormente. Estas personas se asomarán una por una debajo de la cobija y pegarán un grito de susto, saliendo corriendo del salón. Cuando sus ayudantes hayan tomado su turno, se permitirá a una persona del auditorio pasar a verlo. Esta se acerca como las demás y al levantar la cobija, el monstruo gritará y saldrá corriendo.

CANTOS

LA ORQUESTA
Canción Folklórica Alemana

El vi - o - lín can - ta con La____

El cla - ri ne - te el cla - ri - ne - te ha ce du del

El trom - bón to - can - do es - tá, Ta ta ta ta ti

Es la trom - pe - ta que me des - pier -

Es el tam - bor que to - ca dos to -

____ la____ la____ la, El vi - o - lín

du del du del du del det, El cla - ri - ne - te el

ta ta ta ta ta ta ti ta, El trom - bón to -

ta tem - pra - no, Es la trom - pe - ta

nos dis - tin - tos, Bum bum bum

can - ta   con   La_____   la_____   la.

cla - ri - ne - te ha ce du del du del du del det.

can - do es - tá, Ta ta ta ta ti ta ta ta ta ta.

que   me   des - pier - ta   tem - pra - no.

bum   bum   bum   bum   bum   bum.

1. El violín canta con la—la—la—la,
   El violín canta con la — la—la.
2. El clarinete, el clarinete hace du del, du del, du del, du del det,
   El clarinete, el clarinete hace du del, du del, du del det.
3. El trombón tocando está, Ta-ta-ta-ta-tita-ta-ta-ta-ta-ta-ti-ta.
   El trombón tocando está, Ta-ta-ta-ta-ti-ta-ta-ta-ta-ta.
4. Es la trompeta que me despierta temprano,
   Es la trompeta que me despierta temprano,
5. Es el tambor que toca dos tonos distintos, Bum-bum-bum,
   Bum-bum-bum-bum-bum-bum.

Se dividen los jugadores en cinco grupos y se asigna a cada uno un instrumento: violín, clarinete, trombón, la trompeta y tambor.

La orquesta empieza con el violín tocando y después el clarinete. Entonces los dos instrumentos tocan juntos.

Sigue el trombón y en seguida el violín y el clarinete tocan con el trombón.

La trompeta toca y después los cuatro instrumentos tocan juntos.

El tambor toca solo y para finalizar todos los instrumentos se unen para formar la orquesta.

¡VIVE LA COMPAGNIE!

Canción Folklórica Francesa

1 Con-ten - tos y a - le-gres hoy va - mos a es-tar.
2 Es - ta - mos con ten-tos; que-re - mos can-tar.
3 U - ni - dos es - ta-mos en un i - de - al,
4 U - ná - mo-nos to-dos en es - ta can- ción:

¡Vi-ve la com-pag-nie!_

Sa - lú - den-se to - dos en bue-na a-mis-tad.
Es - ta - mos con ten-tos; que - re - mos ju-gar.
Por- la - zos de a fec - to y a - mor fra-ter-nal.
El - go - zo lle - ve-mos en el co - ra-zón.

¡Vi-ve la com-pag - nie!_

Refrán:

Vi - ve la, vi - ve la, Vi - ve l'a - mour.

Vi - ve la, vi - ve la, Vi - ve l'a-mour. Vi - ve l'a-mour,

vi - ve l'a - mour; ¡Vi - ve la com - pag - nie! _

Reynolds-McGee, *Songs For Fun and Fellowship*
(Nashville: Broadman Press 1963). Used by permission.

FRERE JACQUES (HERMANITO)

Frè - re Jac - ques, frè - re Jac - ques, Dor - mez vous? dor - mez vous?
¿Her - ma - ni - to, her - ma - ni - to duer-mes tú, duer-mes tú?

Son - nez les ma - ti - nes, son - nez les ma - ti - nes, "Din, din, don."
Sue - na la cam - pa - na, sue - na la cam - pa - na, "Din, din, don."

RIQUI RAN

Do   **Fa**

A - se - rrín, a - se - rrán. Los ma - de - ros de San

Do   **Sol/Re**   **Re7**   **Sol**

Juan co -men que - so, co - men pan. Los de

Sol7   **Do**   **Sol7**

Ri - que al - fe - ñi - que; Los de Ro - que al - fon-

Do   **Sol7**   **Do**

do - que. Ri - qui, ri -que, ri - qui ran.

Tomado de *Fun and Festival from Latin America* por Ella Huff Kepple, Friendship Press, New York, 1961. Usado con permiso.

POR LAS FIESTAS DE SAN JUAN

F. W.

Grupo 1 canta su parte una vez sin las otras voces. Después de cuatro compases el director da la señal de entrar al grupo 2, después de otros cuatro compases al grupo 3 y sigue así hasta que todos estén cantando. Para terminar, el grupo 1 deja de cantar primero, después de cuatro compases el grupo 2 y así hasta que el grupo 5 quede cantando solo. Este grupo canta los cuatro compases y termina.

Tomado de *¡Viva la Música!* Ricordi Americana, Buenos Aires, Argentina. Usado con permiso.

HOLA

Los cantantes se dividen en cuatro grupos, cada grupo cantando "Hola" a su turno y sosteniendo su nota hasta completar el acorde. La otra parte se canta al unísono.

ALOUETTE

Canción Folkórica Canadiense

3. Le nez   4. Le dos   5. Les pieds   6. Les pattes   7. Le cou

"Alouette" describe la disección de un pájaro (una alondra canadiense) para una fiesta. Puede ser un asunto no muy agradable para un grupo alegre de cantantes, pero el uso de las palabras en francés ayuda en este respecto.

Es un canto acumulativo. La acumulación ocurre en el penúltimo compás cuando se repiten todas las partes del cuerpo en el orden que fueron cantadas. Después de mencionar todas las partes se repite el coro. Así es que el último verso se canta así:

Alouette, gentille Alouette,
Alouette, je te plumerai
Je te plumerai le cou,
Je te plumerai le cou.
Et le cou, et le cou,
Et le tete, et la tete,
Et le bec, et le bec,
Et le nez, et le nez,

Et le dos, et le dos,
Et les pieds, et les pieds,
Et les pattes, et les pattes,
Et le cou, et le cou,
Oh . . .
Alouette, gentille Alouette,
Alouette, je te plumerai.

Traducción de las partes del cuerpo:
1. La tete (La cabeza)
2. Le bec (La boca)
3. Le nez (La nariz)

4. Le dos (La espalda)
5. Les pieds (Los pies)
6. Les pattes (Los dedos)
7. Le cou (El cuello)

Nota: Los cantantes pueden señalar estas partes del cuerpo al mencionarlas.

AVENU SHALOM ELICHEM*

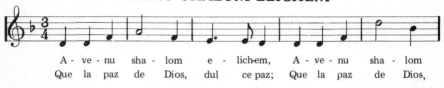

A - ve - nu   sha - lom   e - lich-em,   A - ve - nu   sha - lom
Que la   paz   de   Dios,   dul   ce paz;   Que la   paz   de   Dios,

e - lich -em,   A - ve - nu   sha - lom   e - lich - em;
el   Se - ñor;   Que la   paz,   paz   de Dios   Se - a   hoy

A - ve - nu   sha - lom,   sha - lom,   sha - lom   e - lich - em.
so - bre ti.   La   paz   de   Dios   se - a   so - bre ti.

Avenu shalom elichem quiere decir "Paz a vosotros".

¡KUM BA YAH!

Canción Folkórica de Angola

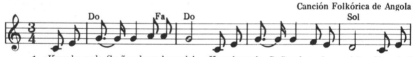

1. ¡Kum-ba yah, Se-ñor,kum-ba yah!   ¡Kum-ba yah, Se-ñor,kum-ba yah!   ¡Kum-bah
2. ¡Alguien llo - ra, kum-ba yah!   ¡Al-guien llo - ra, kum-ba yah!   ¡Al-guien
3. ¡Alguien can - ta, kum-ba yah!   ¡Al-guien can - ta, kum-ba yah!   ¡Al-guien
4. ¡Alguien o - ra, kum-ba yah!   ¡Al-guien o - ra, kum-ba yah!   ¡Al-guien

yah Se-ñor,   kum-ba - yah!   Se - ñor,__ kum-ba   yah.__
llo - ra,   kum-ba - yah!   Se - ñor,__ kum-ba   yah.__
can - ta,   kum-ba - yah!   Se - ñor,__ kum-ba   yah.__
o - ra,   kum-ba - yah!   Se - ñor,__ kum-ba   yah.__

EL CIEMPIES

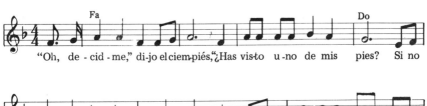

"Oh, de - cid - me," di-jo el ciem-piés,"¿Has vis-to u -no de mis pies? Si no

lo ha-llo ten - go que sal - tar En los o - tros no-ven-ta y nue-ve

pies." Que sal - tar, que sal - tar en los o - tros no-ven-ta y nue-ve

pies. Si no lo hallo ten-go que sal-tar En los o-tros no-ventay nue-ve pies.

A LA RONDA RONDA

Canción Folklórica Alemana

A la ron - da ron - da,
Rin - gel rin - gel Rei - he,

so - pla - rá el zon - da. En la huer - ta
sind der Kin - der drei - e, sit - zen un - term

de Pa - lán las ci - rue - las ca - e - rán.
Hol-der-busch, ma - chen al - le husch,husch,husch.

Al terminar el canto todos los niños se sientan en el suelo.

Tomado de ¡*Viva la Música!* Ricordi Americana, Buenos Aires, Argentina. Usado con permiso.

ZUM, GALI, GALI

Ronda Israelita

He-cha-lutz le -

Zum, ga-li, ga-li, ga-li, zum, ga-li, zum, zum, Zum, ga-li, ga-li, ga-li,

maan a-vo-da, _____ A-vo-da le - maan, he-cha-lutz, _____

zum, ga-li, zum, zum, Zum, ga-li, ga-li, ga-li, zum, ga-li, zum, zum,

_ A-vo-da le - maan, he-cha-lutz, _____ He-cha-lutz, le -

Zum, ga-li, ga-li, ga-li, zum, ga-li, zum, zum, Zum, ga-li, ga-li, ga-li,

1 maan a-vo-da.   2 maan a-vo-da. _____

zum, ga-li, zum, zum, Zum, ga-li, ga-li, ga-li, zum, ga-li, zum, zum.

Reynolds-McGee, *Songs For Fun and Fellowship*
(Nashville: Broadman Press 1963). Used by permission.

VE, DILO EN LAS MONTAÑAS

Vé, dí-lo en las mon-ta-ñas, En to-das par-tes y al-re-de-dor;

Vé, dí-lo en las mon-ta-ñas: Que Cris-to el Rey na-ció.

1. El mun-do ha es-pe-ra-do Que Cris-to el Rey de paz,
2. Lle-gó co-mo un ni-ño De no-che en Be-lén;
3. Y los que son de Cris-to De-bie-ran pro-cla-mar,

Vi-nie-ra a es-ta tie-rra Tra-yén-do-le so-laz.
Del cie-lo las es-tre-llas Le a-lum-bra-ron tam-bién.
Que Cris-to al mun-do vi-no Los hom-bres a sal-var.

Letra, John W. Work, h., 1907. Tr., Adolfo Robleto, 1976. ©Copyright 1978 Casa Bautista de Publicaciones. Todos los derechos reservados. Amparado por los derechos de copyright internacional. Música GO TELL IT, canción religiosa Negra, EE.UU.; arm., John W. Work III, 1940. Armonización usada con permiso de Mrs. John W. Work III.

LLAMAME TU AMIGO

CADA REUNION AVIVA MAS

Ca - da reu - nión ta a - vi - va más __ la lla - ma
de nues - tra a-mis - tad. __ El a - mor que a - quí se en
cien - de __ por siem - pre du - ra - rá. __

Fun and Festival from Latin America por Ella Huff Kepple, Friendship Press, New York, 1961. ¡ Usado con permiso.

Se forma un círculo cruzando los brazos y tomando las manos de sus compañeros. Al cantar se mecen al ritmo de la música. Después de entonar el coro una vez, todos murmuran la melodía hasta las palabras: "El amor que aquí se enciende" cuando todos vuelvan a cantar.

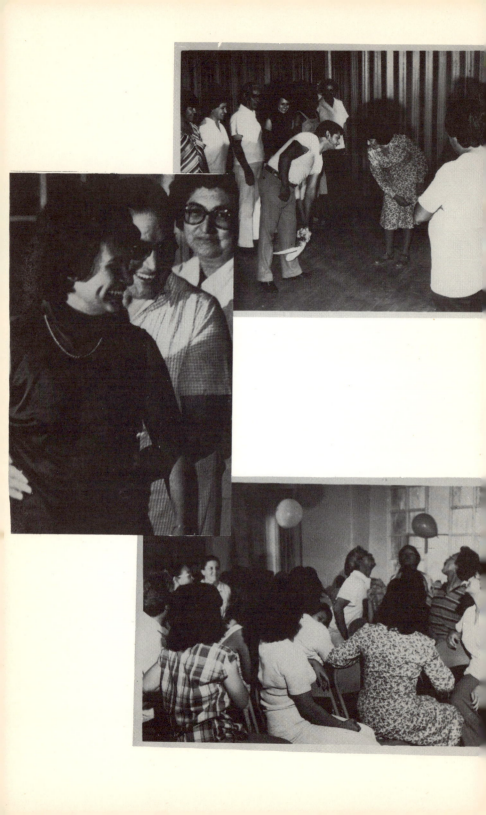

PARTE II PROGRAMACION RECREATIVA PARA UNA IGLESIA

CAPITULO I

POR QUE UN PROGRAMA RECREATIVO EN SU IGLESIA

Bosquejo

I. La Biblia lo Apoya
   1. *Los juegos y deportes de los judíos*
   2. *Los judíos y el ritmo*
   3. *Pablo, el atleta*
   4. *Jesús, un visitante social*
   5. *Algunas conclusiones*

II. Las Condiciones en el Mundo lo Demandan
   1. *En el hogar*
   2. *En el mundo de la economía*
   3. *En la vida rural y urbana*
   4. *Programas y agencias de recreación fuera de la iglesia*

III. Los Beneficios Que Aporta a la Iglesia
   1. *Fomenta el compañerismo*
   2. *Ofrece medios para testificar, enseñar y enriquecer la vida cristiana*
   3. *Responde a las necesidades de todos*

CAPITULO I

POR QUE UN PROGRAMA RECREATIVO EN SU IGLESIA

En el principio Dios creó al hombre y lo creó con un propósito: compañerismo. Dios creó un ser que tenía la facultad de comunicarse con él y responder a su relación de amor. El hombre en su rebelión de pecado rompió esta relación, pero Dios, por medio de su Hijo, Cristo, la restableció. Por la experiencia del nuevo nacimiento, el hombre nuevamente se goza en los lazos de compañerismo con Dios.

Jesús dijo: "Yo he venido para que tengan vida, y para que la tengan en abundancia" (Juan 10:10). La vida abundante es la norma de la existencia del creyente; es la vida de los redimidos. La iglesia es una comunidad de creyentes redimidos, así es que ella debe ser el testigo más grande de la vida abundante. Debe expresar abiertamente la experiencia interior.

Desde el punto de vista sociológico las personas se ven a sí mismas no sólo como humanos sino como seres sociales. Ellas no existen en un vacío sino en relación con otras personas. En realidad, la vida tiene poco significado a menos que esté relacionada con otra vida.

Sobre esta base amplia está construido el programa recreativo de la iglesia. Su propósito es ayudar al individuo fuera y dentro de la iglesia a encontrar y experimentar el compañerismo en sus dimensiones más amplias. En este capítulo se considerarán algunas razones por las cuales cada iglesia debe incluir como una parte de su ministerio un programa de recreación.

1. La Biblia lo Apoya

La Biblia no es un tratado acerca de intereses sociales sino un libro de instrucción espiritual, y los materiales que se encuentran en ella sobre el juego y la vida social son incidentales. Lo relacionado con el juego entre los hebreos y la actitud de Jesús y de Pablo hacia éste se recoge de referencias indirectas y del uso de figuras y términos recreativos para ilustrar una verdad espiritual. Sin embargo, considerando el hecho de que el énfasis principal en la Biblia es espiritual y moral, un cuidadoso estudio de ella descubre mucho material relacionado directa o indirectamente con el juego o la recreación.

1. Los juegos y deportes de los judíos

Aunque los juegos atléticos no eran tan populares entre los judíos como entre los griegos y los romanos, se encuentran muchas referencias a los juegos y deportes de los judíos. Entre estos está la carrera (Salmo 19:5, 2 Samuel 1:23); la natación (Isaías 25:11, Nehemías 2:14); el arco y la flecha (1 Samuel 20:20, Lamentaciones 3:12); la honda (Jueces 20:16, 1 Samuel 25:29); el juego de los niños (Zacarías 8:4,5).

2. Los judíos y el ritmo

Los judíos expresaban libremente sus emociones. La música ocupaba un lugar muy importante en la adoración. Usaban toda clase de instrumentos para alabar a Dios. Organizaron grandes coros, los cuales eran acompañados por orquestas. David y Salomón fueron escritores de cantos, y el libro de los Salmos contiene cinco colecciones unidas en una, de los mejores cantos e himnos judíos. El título de algunos salmos puede indicar el uso de algunos cantos regionales o populares (Salmo 45 y 60). Cualquier tiempo de regocijo daba a los judíos ocasión para cantar. (Génesis 31:27; Exodo 15:20, 21; 1 Samuel 18:6, 7; 2 Crónicas 35:25).

Algunas personas, al defender los bailes modernos, dicen que los judíos bailaban en las fiestas. La palabra "baile, bailando" se encuentra 27 veces en la Biblia, pero estudiando los pasajes en los cuales se encuentra esta palabra se reconoce que el baile entre los judíos era enteramente diferente al de hoy día. El significado de esta palabra en hebreo indica ejercicio vigoroso. A veces no era sino brincar o saltar al recibir buenas noticias. Había ocasiones cuando los participantes se tomaban de las manos y cantaban moviéndose en círculo. Bailar en grupos era muy común entre las mujeres. Los hombres ganaban las batallas, y las mujeres celebraban estos acontecimientos. La única referencia de un hombre que bailó es la de David cuando el arca de Jehová fue llevada a la ciudad. No hay ningún pasaje que diga que los hombres y las mujeres bailaban juntos.

3. Pablo, el atleta

El uso que Pablo hizo de los términos atléticos fue natural y correcto. Pablo era judío y fue educado en la obediencia estricta de la ley judía. Nació y se educó en Tarso, una ciudad dominada por la cultura griega. La familiaridad de Pablo con el atletismo griego explica la naturalidad con que él usaba los términos atléticos.

Pablo no discutió directamente asuntos atléticos pero sí usó terminología de las carreras y otros deportes para hacer más viva una verdad espiritual. De los escritos de Pablo se pueden reconstruir los aspectos principales de las carreras griegas: el procedimiento, la preparación para la carrera, el heraldo, la carrera misma, la meta, el juez y el premio (1 Timoteo 4:7, 8; 1 Corintios 9:25-27; 2 Timoteo 2:5; Gálatas 2:2; Filipenses 3:13, 14; 2 Timoteo 4:7, 8; 1 Corintios 9:24).

4. Jesús, un visitante social

El primer milagro de Jesús se verificó en una boda. (Juan 2:1-10) Jesús amaba a toda clase de gente y se asociaba con ellos. Mateo hizo una reunión en honor de Jesús e invitó a un gran número de sus amigos, los cuales eran publicanos. En una ocasión Jesús se invitó para hospedarse con Zaqueo, uno de los jefes de los publicanos (Lucas 19:5).

De entre la multitud que rodeaba y seguía a Jesús, escogió doce para que estuvieran con él. Cuando menos fue una vez al hogar de Pedro para comer (Marcos 1:29-31). Pocos días antes de su crucifixión Jesús se reunió con sus apóstoles para observar la Pascua y fue en esta ocasión que instituyó la Cena Conmemorativa.

Después de su resurrección Jesús apareció en varias ocasiones a sus discípulos y tuvo compañerismo íntimo con ellos (Lucas 24:29-31; Juan 21:12,13).

Cuando menos en dos ocasiones Jesús fue recibido como huésped de honor en un banquete (Lucas 5:29; Juan 12:1,2). También Jesús tenía un concepto práctico y normal de la vida. Reconoció la necesidad de descansar, y se sabe que en una ocasión sugirió a sus discípulos que se apartaran para reposar un poco (Marcos 6:31).

5. Algunas conclusiones

Aunque no se piensa que este material de la Biblia sea necesario para justificar el lugar que la recreación debe tener en el ministerio de una iglesia, se espera que esta presentación haga más profunda la convicción de que la vida cristiana y la recreación no son incompatibles.

El propósito ha sido presentar de una manera imparcial el lugar de las distracciones o de los deportes en la Biblia. Es cierto que los judíos dieron menos atención a esto que otros pueblos antiguos, y los cristianos de los primeros siglos siguieron el ejemplo de ellos. También los escritores de la Biblia no estaban interesados principalmente en las costumbres y condiciones sociales. Sin embargo, un estudio minucioso prueba que los judíos participaban en juegos inocentes, y que Jesús y sus seguidores demostraron simpatía hacia el compañerismo social.

II. Las Condiciones del Mundo lo Demandan

Hay ciertas condiciones sociales y económicas en el mundo que hacen más necesario un programa organizado de recreación en la iglesia.

1. En el hogar

En años anteriores el hogar era el centro de todas las actividades de la vida, pero ahora todo ha cambiado. La desintegración del hogar se ha manifestado en la vida social. Los intereses y las actividades de los padres e hijos son diferentes; son pocas las ocasiones cuando los miembros de la familia pueden jugar juntos.

2. En el mundo de la economía

La monotonía e intensidad de la edad mecánica en que vivimos hace aun más necesario un programa de recreación planeado y bien dirigido. En muchas partes hay menos horas de trabajo y el hombre se encuentra con más tiempo libre y la manera como emplee este tiempo es de suma importancia.

3. En la vida rural y en la urbana

El crecimiento de las ciudades con el arribo de tanta gente acomodándose en áreas relativamente pequeñas hace más necesario un programa de recreación que sea sano y seguro. En las áreas rurales la mayoría de las iglesias ofrecen poco a sus jóvenes y adultos en el aspecto recreativo, y como resultado ha habido insatisfacción, inquietud, y un alejamiento en muchos casos de la iglesia.

4. Programas y agencias de recreación fuera de la iglesia
Los programas de recreación fuera de la iglesia ofrecen actividades y diversión dudosas. ¿Se puede permitir que estas agencias mundanas proporcionen la recreación necesaria a los miembros de nuestras iglesias? Las diversiones comercializadas carecen de propósitos sanos. No proporcionan participación y están dominadas por el afán de lucro. Hay que admitir que muchas de estas diversiones hacen daño a las personas.

Aunque hay agencias sociales, como la Asociación Cristiana de Jóvenes, que ofrecen algunas formas de recreación, éstas a menudo incluyen actividades que no concuerdan con las normas cristianas. Además, en la mayoría de las iglesias los miembros no toman parte en estas actividades, sino solamente en las diversiones comercializadas.

III. Los Beneficios Que Aporta a la Iglesia
Uno de los problemas más serios que afronta la iglesia en la actualidad es la poca diferencia que se puede notar entre la vida de los creyentes y la de las personas del mundo, y en ningún aspecto de la vida es esta falta de demarcación más notable que en el campo de las diversiones. Urge que la iglesia proporcione un programa de recreación tan atractivo que satisfaga las necesidades sociales de sus miembros.

1. Fomenta el compañerismo
La recreación es valiosa para desarrollar el espíritu de compañerismo y los lazos de amistad entre los miembros de la iglesia. Unifica y contribuye a adquirir un sentido de solidaridad y de lealtad. Por medio del juego se destruyen diferencias y divisiones que a menudo existen entre las personas que asisten al templo.

En el Nuevo Testamento hay muchas referencias al compañerismo en la iglesia. Aunque este compañerismo incluye todo lo que la

familia de Dios comparte: la adoración, el estudio bíblico, las pruebas
y los triunfos, la recreación ofrece la oportunidad para enriquecer ese
compañerismo por medio de actividades recreativas. Una congregación feliz atraerá a otros a compartir esta felicidad en Cristo.

2. *Ofrece medios para testificar, enseñar y enriquecer la vida
cristiana*

La recreación tiene tres propósitos que se pueden identificar con
el ministerio total de la iglesia: un medio de testificar, un medio de
enseñar y un medio para entrar en la vida abundante de Cristo. La
recreación puede ayudar a la iglesia a alcanzar a nuevas personas;
puede ser un medio valioso en las misiones *(anexos)* para atraer a las
gentes. La recreación puede usarse en la iglesia para descubrir los intereses de las personas y proveer actividades en las cuales éstas desa-
rrollen estos intereses.

Las actividades recreativas en la educación cristiana hacen más
agradables y perdurables las experiencias de aprendizaje, proveyendo
a los maestros de más herramientas con qué trabajar y a los alumnos
con nuevas experiencias en el aprendizaje. La adoración a Dios al
aire libre en un día de campo puede proporcionar experiencias significativas. La adoración en un retiro puede ejercer una influencia
benéfica en los líderes de la iglesia a medida que ellos se acerquen a
Dios.

La proclamación de la Palabra de Dios se realiza de diferentes
maneras. Puede llevarse a cabo en la confección de un estandarte, un
cartel, o una placa en una clase de arte creativo, colgándolo después
en un salón de clase. También se pueden lograr experiencias valiosas
finalizando las actividades del día en un campamento u otra reunión
alrededor de una fogata.

3. *Responde a las necesidades de todos*

Un programa de recreación bien planeado y dirigido respon-
derá a las necesidades de todos los grupos en la iglesia y muchos de
afuera. En cada comunidad hay personas con necesidades especiales:
algunas con impedimentos físicos, otras tristes y solas. El programa
recreativo puede ministrar de una manera singular a estos grupos.

Las actividades recreativas utilizan y desarrollan los poderes
creativos de los individuos ofreciendo oportunidades para expresión

física y mental. Son valiosas para fortalecer los lazos familiares y para guiar a todos los miembros de la iglesia a desarrollar una filosofía cristiana en el uso correcto de su tiempo libre. Un buen programa de recreación ofrecerá oportunidades variadas en las cuales todos puedan gozarse, evitando tener demasiadas actividades para un solo grupo, descuidando los demás. En fin se advertirá que la recreación es valiosa por lo que significa para el individuo en su desarrollo, para las familias y para la iglesia en su ministerio total.

CAPITULO II

LAS ACTIVIDADES SOCIALES
EN EL PROGRAMA RECREATIVO

Bosquejo

I. Ventajas de las Actividades Sociales
1. *Menos oposición dentro de la iglesia*
2. *Menos competencia de afuera*
3. *Menos costoso*
4. *Facilita la dirección*
5. *Mayor participación*
6. *Más relacionadas con el programa educativo de la iglesia.*

II. Tipos de Actividades Sociales
1. *Tipos Según el Tema Central*
   1) Estaciones y días especiales
   2) Miscelánea
   3) Ocasiones especiales
2. *Tipos Según la Naturaleza General*
   1) Juegos
   2) Programa
   3) Combinación de programa y juegos
   4) Campo
   5) Recepción
   6) Banquete o cena
   7) Hora de compañerismo social
3. *Tipos Según el Espíritu y Propósito*
   1) Informal
   2) Formal
   3) Educativo
   4) Inspirador
4. *Combinación de Tipos*
5. *Factores que Determinan la Selección de los Tipos*
   1) Lugar
   2) Edad, sexo y número de invitados
   3) Nivel cultural y educativo del grupo
   4) Propósito de la actividad social

III. Libros y Materiales de Actividades Sociales

CAPITULO II

LAS ACTIVIDADES SOCIALES

EN EL PROGRAMA RECREATIVO

¿Cuáles son las actividades recreativas que deben incluirse en mi iglesia? ¿Cómo puede una iglesia como la mía, con pocos miembros y recursos, tener un programa de recreación? ¿Cuáles son las actividades que deben recibir más apoyo? ¿Con cuántas actividades podemos empezar? Estas y otras preguntas suelen surgir al pensar en un programa de recreación para una iglesia. Estas pueden producir inquietudes, confusión e incertidumbre, pero a la vez pueden servir para definir el propósito, el contenido y el rumbo que una iglesia debe tomar para iniciar dicho programa.

Hay varios tipos de recreación que una iglesia puede incluir en su programa, pero deben escogerse aquellos que mejor llenen sus necesidades y posibilidades. Sin duda, hay que comenzar con unas cuantas actividades con la mira de agregar otras en el tiempo oportuno. Si una iglesia empieza sobre bases firmes y planes bien trazados, y desarrolla estos con éxito, el terreno será propicio para extender el programa y abarcar otras actividades.

En el aspecto recreativo las actividades sociales quizá sean las más conocidas y las que reciben más énfasis en la mayoría de las iglesias. Pero, ¡cuántas veces se desarrollan estas actividades sin propósito y plan alguno, y la reunión no aporta el beneficio deseado y necesitado! ¿Ha escuchado alguna vez este anuncio? "Vamos a tener una reunión social el viernes por la noche. Deseamos la presencia de todos." Y después, ¿no se ha sentido usted desalentado al llegar la hora y descubrir que no se había hecho ningún plan al respecto? ¡Qué diferente cuando se ha planeado cada detalle!

¿Qué se entiende por actividades sociales? Son actividades que relacionan unas personas con otras en un ambiente social que generalmente encuentra expresión en actividades como una reunión social, un banquete, un día de campo u otra fiesta semejante.

I. Ventajas de las Actividades Sociales

La idea de que la recreación social o actividades sociales gozan de ciertas ventajas sobre otras formas, no quiere decir que no existan otras formas que sean valiosas y puedan incluirse en el programa recreativo de la iglesia. Sin embargo, se cree que las ventajas del tipo social de recreación son de tal naturaleza, que la mayoría de las iglesias encuentra más fácil limitar su programa a este tipo. A continuación se mencionarán algunas de las ventajas de las actividades sociales.

1. Menos oposición dentro de la iglesia

Todavía de cuando en cuando se encuentran personas dentro de la iglesia que se oponen a toda clase de recreación, pero por lo general hay menos oposición para las actividades sociales que para otro tipo de recreación. Si éstas son bien planeadas y dirigidas a menudo las personas que se opusieron pueden llegar a apreciarlas y hasta a participar en ellas.

2. Menos competencia de fuera

En el aspecto social las iglesias tienen prácticamente campo abierto. No hay organizaciones o agencias que proporcionen actividades sociales comparables a las de algunas iglesias. Así, por este medio, la iglesia puede contribuir no solamente en bien de la vida de sus miembros, sino también cooperar para mejorar el concepto que se tiene de la recreación.

3. Menos costoso

Posiblemente una de las razones para que haya menos oposición para las actividades sociales dentro de la iglesia es porque son menos costosas. Un programa extenso y adecuado de actividades sociales se puede lograr con poco dinero.

4. Facilita la dirección

Para dirigir un programa atlético se necesitan personas más o menos profesionales, pero en cuanto a las actividades sociales no es así. Por supuesto que una preparación especial asegurará mejores actividades sociales, pero hay muchos maestros de la escuela dominical o directores de los diferentes organismos de la iglesia que pueden dirigir dichas actividades. Además, hay materiales apropiados en el campo de la recreación, como libros y revistas, que el director puede usar en el planeamiento de las actividades sociales.

5. *Mayor participación*
La participación activa en algunas clases de juego se limita a grupos especiales. No todos pueden jugar béisbol o baloncesto. No todos pueden tomar parte en un drama religioso, pero casi toda persona puede gozar de la camaradería de una reunión social o de un banquete. Esta participación es una contribución al desarrollo del carácter cristiano.

6. *Más relacionadas con el programa educativo de la iglesia*
Una de las grandes ventajas de las actividades sociales es que generalmente pueden utilizarse de una manera más definida para fines religiosos y educativos. Hay varias razones para esto. Estas reuniones sociales son generalmente dirigidas por oficiales y directores de los organismos de la iglesia, por eso es más fácil incluir un período devocional. También la participación de un mayor número de personas significa que habrá un mejor espíritu de compañerismo. La vida social desarrolla la iniciativa y otras buenas cualidades de la personalidad.

II. *Tipos de Actividades Sociales*
Uno de los puntos de principal consideración al planear una actividad social es la selección del tipo de reunión que ha de celebrarse. Hay tres tipos que se pueden tener en cuenta: (1) Tipos según al Tema o Idea Central; (2) Tipos según la Naturaleza General; y (3) Tipos según el Espíritu y Propósito.

1. *Tipo según el Tema Central*
La mayoría de las actividades sociales tienen una idea o tema central. Cada parte de la reunión: invitaciones, ornato, recepción de los invitados, juegos y/o programa, refrigerio, clausura y todo gira alrededor de este tema, y da unidad a la misma.

1) Estaciones y días especiales. Hay ciertos días patrióticos y sociales que sugerirán el tema central para una actividad social. Entre estos están el Año Nuevo, la Navidad, natalicios de los héroes, aniversario de la independencia, Día de las Américas, Día del Trabajo, etcétera. También las estaciones del año sugerirán temas para muchas actividades sociales.

2) Miscelánea. Hay muchas ideas que se usarán para las actividades sociales las cuales no se relacionan directamente con un día o estación en particular. Algunas de ellas, sin embargo, serán más apropiadas para ciertas estaciones, por ejemplo: una "Fiesta de Flores", "Globos", "Esquimales", etcétera. Hay otros temas como: "El Circo", "La Lluvia", "Los Pajaritos", "Un Viaje Alrededor del Mundo" que son más o menos apropiados para cualquier época del año.

3) Ocasiones especiales. Hay otras actividades sociales, como las de celebración de cumpleaños, aniversarios, bienvenidas o despedidas que no están incluidas en las clasificaciones anteriores. Tales festividades pueden girar alrededor de un tema central; pero éste estará subordinado al propósito principal, que es honrar a una persona o personas en particular.

2. *Tipos según la Naturaleza General*

1) Juegos. La mayoría de las reuniones sociales en las iglesias se componen principalmente de juegos seguidos por un refrigerio. Puesto que los juegos son de tanta importancia, estos deberán seleccionarse con mucho cuidado.

a. Planear un buen número. Téngase siempre un número suficiente de juegos planeados para divertir al grupo durante la actividad social. El número que se necesite dependerá del número y la edad de las personas presentes, la clase de juegos escogidos, y la familiaridad del grupo con estos, pero generalmente serán suficientes de seis a diez juegos. Además, el director se familiarizará con algunos juegos que puedan usarse en cualquier tiempo. Siempre es mejor planear más de lo necesario y no que vayan a faltar.

b. Tener variedad y distribución. Se necesita variedad en los tipos de juegos usados y en la actividad que ellos requieren. No se pondrán muchos juegos activos o quietos a la vez. Después de un juego que sea muy activo, el grupo necesita un tiempo para descansar durante el cual puede tener un juego más reposado. Este o una representación cómica mantendrá el interés del grupo y al mismo tiempo dará oportunidad para que el grupo descanse.

c. Tener en cuenta la formación y la transición de un juego a otro. Todo director deberá adquirir destreza para hacer las formaciones para el desarrollo de los juegos y para hacer la transición de un juego a otro. Las principales formaciones y algunos modos de ejecutarlas se describen a continuación.

(a) Filas paralelas. Hay muchos juegos y carreras de competencia que requieren esta formación. Si los varones forman una fila y las damas otra, se hace fácilmente la formación. Si los juegos demandan filas iguales y de ambos sexos, entonces el director podrá pedir a los invitados que se enumeren de dos en dos. La formación será más ordenada si el director elige dos de los invitados que encabecen las filas donde él quiere que estén y luego les dice: "Los de número uno irán detrás del señor . . ., y los del número dos irán detrás de la señorita . . ." El director que sepa guiar a los invitados de una formación a otra sin interrupción, no necesitará usar frecuentemente este plan para obtener las filas paralelas.

(b) El círculo. Hay varias maneras de hacer la formación del círculo. La formación usada en el juego anterior decidirá el modo de hacerlo. Si los jugadores forman filas paralelas, el director pedirá que todos se tomen las manos haciéndolo también los de los extremos para cerrar el círculo.

Un plan sencillo que también podrá usarse cuando los invitados no estén en ninguna formación, es que el director les pida que lo sigan marchando; entonces los dirigirá para formar el círculo.

Otro método para las formaciones es el uso de la Gran Marcha. (Véase la página 97 de *Juguemos.*)

d. Dar las instrucciones hábilmente. Se darán las instrucciones después de hacer la formación. El director se colocará en el lugar apropiado. Si se trata de un círculo él formará parte del círculo; si son dos filas paralelas, él se colocará a un extremo entre las dos filas. Se darán las instrucciones en el orden que se necesiten y después se dará oportunidad para que hagan preguntas. Con frecuencia conviene demostrar cómo se desarrolla un juego si no es bien conocido por el grupo.

e. Adaptar los juegos. El juego "Búsqueda de Animales" puede cambiarse a "Búsqueda de Flores" si es éste el tema de una reunión social.

f. Llegar a un punto culminante. La distribución de los juegos debe hacerse de tal modo que el interés y participación de los invitados se conserven hasta el fin de la actividad social. Si un juego va a ser el punto culminante quizá deba ser el último o posiblemente el penúltimo antes del refrigerio. Se puede poner un juego o presentar una comedia después del refrigerio, pero generalmente es mejor seguir con unos cantos y la clausura.

2) Programa. Esta clase de actividad social incluirá recitaciones, dramatizaciones, comedias, lecturas selectas, música, etcétera. Pueden ser para la diversión del grupo o para fines educativos. Generalmente estos programas llevan un tema central y deben planearse con el mismo cuidado que las otras actividades sociales. El director se cerciorará de que todos los integrantes estén debidamente preparados y que los que tengan parte en el programa estén presentes.

3) Combinación de programa y juegos. Una combinación de juegos y programa se podrá usar con buen éxito para las actividades sociales. "Un Viaje en el Mar" fue el tema de una reunión social en la cual se usó esta combinación y resultó muy efectiva. Cuando los pasajeros (los invitados) llegaron, fueron conducidos a una mesa donde recibieron sus pasaportes. El capitán, el director de la reunión, dirigió al grupo en algunos juegos introductorios para que se conocieran unos a otros. Después de tener varios juegos en la proa, pasaron al comedor para refrigerio, y volvieron otra vez al mismo lugar donde se divirtieron con un programa ofrecido por ciertos artistas que estaban de viaje.

4) Campo. En ciertas épocas y estaciones del año las actividades sociales celebradas fuera del templo, como las tardeadas, los días de campo y las excursiones son muy apropiadas. Los planes y el programa para estas reuniones son diferentes, en algunas maneras, de las reuniones sociales. La comisión seleccionará un lugar apropiado adonde ir, señalará el lugar y la hora de salida, dará instrucciones claras para los que no puedan ir con el grupo. Se planearán los juegos y el programa con el mismo cuidado con que se planea cualquier reunión social.

5) Recepción. Esta actividad generalmente se verificará para honrar a una persona o grupo de personas. Puede ser formal o informal. Se servirá té, café, o refrescos, y se arreglarán emparedados o pastelillos. En algunas ocasiones se planeará un programa y en otras no. Puede girar alrededor de un tema central, y si es así, entonces el ornato y el programa armonizarán con éste.

6) Banquete o cena. Un banquete o cena puede celebrarse en cierta estación del año o en una ocasión especial; no es una actividad que se verificará con mucha frecuencia en la mayoría de nuestras iglesias. Sin embargo, como está incluida en el programa recreativo de algunas iglesias y usada con grupos como en un seminario o escuela o para festejar ciertas ocasiones, se cree conveniente mencionarlo como un tipo de actividad social.

Al planear un banquete se tendrán en cuenta ciertos puntos como tarjetas para indicar los lugares de los invitados, programa, menú, nombramiento de un maestro de ceremonias, etcétera. Para que el banquete o la cena sea más efectivo deberá girar alrededor de un tema central. En cierto lugar se celebró un banquete y el tema fue una "Fiesta en el Jardín", en el cual las invitaciones, el ornato, el programa y el menú ilustraron la idea de un jardín, culminando con el mensaje principal sobre "Senderos en el Jardín de Dios". Este tipo de actividad es especialmente bueno para la juventud de nuestras iglesias.

Se acostumbra más en las iglesias tener cenas o té cenas para festejar ocasiones especiales como un aniversario, Navidad, Año Nuevo, etcétera. Esta consiste en una comida más sencilla y no es necesario arreglar mesas y elaborar un programa muy extenso.

7) Hora de compañerismo social. Una actividad social que consiste en una reunión informal de compañerismo puede celebrarse después del culto los domingos por la noche o después de otra actividad. Generalmente ésta no durará más de una hora y puede verificarse en el templo, en un hogar u otro lugar. El programa incluye juegos y/o programa y música. Algunas veces se puede exhibir una película de interés mutuo para el grupo o tener un diálogo con el pastor u otra persona.

3. *Tipos según el Espíritu y Propósito*
1) Informal. Hay algunas reuniones cuyo propósito es propor-

cionar diversión para el grupo. Tales actividades serán de mucho valor para que los invitados se conozcan y para promover un espíritu de cordialidad entre ellos, dándoles la oportunidad de expresarse por medio del juego.

2) Formal. En contraste con el tipo anterior, de cuando en cuando se podrá efectuar una actividad social donde haya más seriedad y formalidad. Este es generalmente el tipo donde se desarrolla un programa como en las recepciones o banquetes.

3) Educativo. Las actividades sociales pueden ser usadas para fines educativos. Tal fin deberá dar a los invitados la oportunidad de regocijarse, porque si no fuera así, quizá fracasaría en su propósito educativo. En una ocasión se planeó una reunión social cuyo tema fue: "Un Viaje Mundial", y fue dirigida de tal manera que impartió mucha información misionera.

4) Inspiradora. Aunque las actividades sociales se planean para divertir a los invitados, sin embargo, algunas de éstas deberán dejar una impresión totalmente espiritual. La reunión social de: "El Viaje Mundial" ya mencionada terminó con un llamamiento espiritual.

Por supuesto la impresión espiritual de una actividad social no dependerá exclusivamente de su aspecto espiritual. Esta puede ser dirigida de tal modo y la espiritualidad del director manifestada de tal manera que los invitados reciban bendición sin habérseles hablado de cosas espirituales.

4. Combinación de Tipos

Es fácil advertir que una actividad social puede clasificarse bajo todos los tipos ya mencionados. Por ejemplo una reunión social del "Día de las Américas" será una actividad de fiesta especial y podría ser una reunión nada más que de juegos, de programa o de los dos; también podría celebrarse en forma de un banquete o una cena, y su propósito podría ser recreativo y/o educativo.

5. Factores que Determinan la Selección de los Tipos

Hay ciertos factores que determinan el tipo de actividad social que se celebrará. Los principales son los siguientes:

1) Lugar. El lugar donde la actividad social se celebre es un factor determinante para el tipo que se seleccionará. Si se planea cierto

tipo de reunión en particular, la comisión buscará el lugar más apropiado para ésta.

2) Edad, sexo y número de invitados. Hay diferencia entre los intereses del juego de los niños y las niñas, de los hombres y de las mujeres, de los jóvenes y los adultos. El predominio de uno o más de estos grupos afectará la selección de los juegos y los planes generales de la actividad. También se considerará el número de invitados porque algunas actividades son más apropiadas para grupos pequeños y no se pueden usar con grupos numerosos y viceversa.

3) El nivel cultural y educativo del grupo. Hay personas que no responderán a una actividad social donde haya juegos de todas clases. Y también hay otros grupos que no saben apreciar una actividad formal. El programa recreativo de la iglesia incluirá actividades para llenar las necesidades de todos los grupos teniendo en cuenta su nivel cultural y educativo.

4) Propósito de la actividad social. Cada actividad social tendrá su propósito tanto para el grupo como para los individuos. Si es para crear un espíritu de compañerismo entre el grupo, el juego y la oración serán los factores principales para cultivar este espíritu. Si la actividad tiene como propósito preparar a un grupo para cooperar, se seleccionarán juegos que demandan la participación de todos y evitarán los de mucha competencia. Todas las actividades sociales servirán para unificar al grupo y promover la lealtad a la iglesia.

Los propósitos de las reuniones serán: proveer diversión, desarrollar la naturaleza social, relacionar lo espiritual con la vida, alcanzar a nuevas personas y contrarrestar el espíritu mundano. Toda actividad tendrá como finalidad, directa o indirectamente, contribuir al desarrollo de la vida espiritual de cada persona.

III. Libros y Materiales de Actividades Sociales

Los directores de las actividades sociales permanecerán alertas a programas sociales que se publican en revistas, deberán recortarlos y archivarlos en la biblioteca o en algún lugar en el templo. Frecuentemente hay libros que la iglesia puede proporcionar o los directores pueden adquirir que les ayudarán en el planeamiento de las actividades sociales. En libros tales como "Juguemos", "Reuniones Sociales y

Banquetes" se encuentran juegos y programas sociales ya desarrolla-
dos.

Además en el libro "Juguemos" se encuentran instrucciones
para planear y dirigir una reunión social y un banquete. Cualquier
persona que estudie estos, con la práctica adquirirá destreza en la dirección de las actividades sociales de su iglesia.

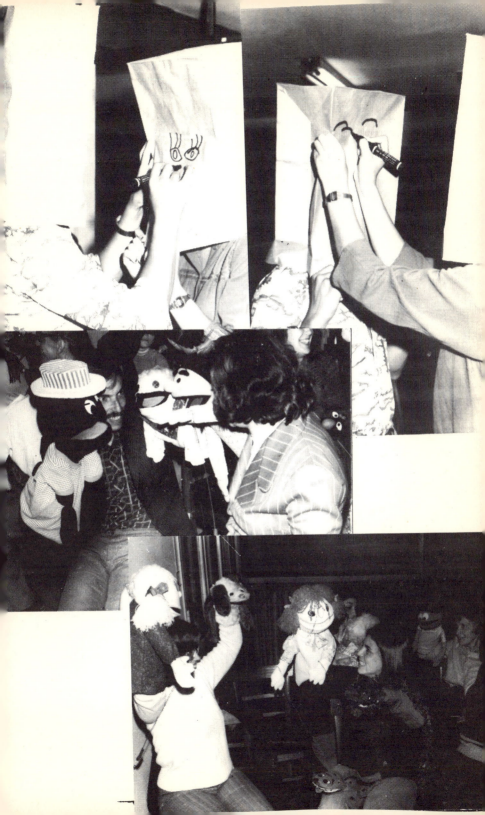

CAPITULO III

EL DRAMA EN EL PROGRAMA RECREATIVO
Bosquejo

I. **Tipos de Drama**
  1. *Monólogo*
  2. *Pantomima*
  3. *Producción dramática*
  4. *Cuadros dramáticos*
  5. *Representación de títeres*
  6. *Coro hablado*
  7. *Cuadros plásticos*
  8. *Dramatización creativa*
  9. *Comedia o representación cómica*
  10. *Dramatización por medio de siluetas*

II. **El Uso del Drama en la Iglesia**
  1. *Valores que aporta el uso del drama*
    1) Enriquece la vida espiritual
    2) Ofrece oportunidad para la expresión creativa
    3) Desarrolla la personalidad
    4) Enseña el valor de la cooperación y desarrolla el roce social
    5) Despierta interés
    6) Puede promover las misiones y la mayordomía
    7) Constituye un método valioso para enseñar
  2. *Cuándo y Dónde Se Usa el Drama*
  3. *Sugerencias para Llevar a Cabo un Programa de Dramatización*
    1) Nombrar un director o coordinador
    2) Empezar a usar el drama
    3) Tener a la mano libros y materiales sobre la dramatización

CAPITULO III

EL DRAMA EN EL PROGRAMA RECREATIVO

El área de la dramatización es muy amplia. Puede variar de una sencilla representación por los niños a una producción formal por un grupo de jóvenes y adultos. Aunque el drama puede clasificarse como una actividad educativa y no precisamente recreativa, es algo que atrae y que a todo el mundo le gusta. Puede ser usado con fines benéficos por las iglesias y al mismo tiempo tener aspectos recreativos tanto para los que participan en él como para los espectadores. La palabra "recreativo" en su significado más amplio no se limita a las actividades sociales sino abarca mucho más. El drama es recreativo en el sentido de que atrae a la gente, y provee una actividad agradable y provechosa para los participantes tanto social como educativa y espiritual.

I. Tipos de Drama

El drama en la iglesia puede incluir uno o más de los siguientes tipos:

1. *Monólogo*

El monólogo es una sencilla forma dramática en que la persona que habla se identifica con otro personaje en el momento y expresa los pensamientos y sentimientos de él. Generalmente se hace esto en primera persona y el ejecutor tiene la libertad de moverse y usar todo su cuerpo para comunicar el mensaje.

El uso del monólogo para representar un personaje bíblico puede leerse o aprenderse de memoria. En un programa para jovencitos, una lección sobre la salvación hizo un gran impacto cuando un muchacho de once años apareció representando a Nicodemo. El relato en primera persona de su encuentro con Jesús ganó la atención del

grupo y la historia del nuevo nacimiento cobró un nuevo significado. Este tipo de dramatización puede usarse efectivamente en la presentación de un devocional en un culto de adoración. La Biblia tiene muchos personajes y eventos que pueden dramatizarse y hacerse vívidos por medio de este sencillo método.

2. Pantomima

La presentación de un episodio dramático por medio de movimientos del cuerpo, ademanes, y gestos se llama pantomima. Es una forma de dramatización muy antigua que tuvo su origen en los días de la antigua Roma. La pantomima puede adaptarse aun en las más sencillas representaciones de los niños, interpretando las historias bíblicas o alguna representación más extensa en la cual toman parte jóvenes y adultos. Los participantes no hablan ni gesticulan aunque puede haber algo de sollozos, suspiros, etcétera. Los movimientos deben ser definidos, lentos y rítmicos para interpretar el mensaje que se quiere dar.

El acompañamiento ideal para una pantomima es la música. Un coro de lectores puede interpretar el mensaje. Se han usado narradores mientras se desarrolla la pantomima. Este tipo de dramatización puede usarse con todas las edades.

3. Producción dramática

Las producciones dramáticas pueden ser originales u obras preparadas o editadas. En las producciones originales el grupo selecciona una historia que quiera representar. Después pensarán en los personajes que crean necesarios, arreglarán las escenas y el diálogo. De esta manera adaptarán por sí mismos la producción y el valor educativo será evidente. La expresión procede de los individuos mismos y no es imitativa como en una obra preparada. Un proyecto de tal índole estimula la imaginación y da oportunidad para que los miembros del grupo hagan uso de su originalidad y habilidad creativa. Todos los grupos de las diferentes edades tienen interés en esta forma de dramatización. Por supuesto que con los grupos de edades menores, el material que se escoja y la presentación deben ser sencillos.

La Biblia es rica en material dramático para las representaciones originales. Las vidas de los misioneros pueden dramatizarse tanto como las buenas historias de carácter moral.

También las representaciones de obras dramáticas editadas tienen mucho valor y proveen una actividad provechosa y llamativa tanto para los niños como para los jóvenes y adultos. Las obras que se usan deben seleccionarse con cuidado y evaluarse para cerciorarse de que sea un drama que pueda presentarse fácilmente, teniendo en cuenta el mensaje que encierra, el lugar donde tiene que presentarse, el escenario, los personajes que requiere, las líneas que tienen que aprender de memoria y el tiempo disponible para ensayarlo.

Hay un buen surtido de obras editadas disponibles y cada director de drama debe familiarizarse con ellas. Estas tienen mucho uso en el programa de la iglesia en la Navidad, la Pascua, semanas de énfasis misionero, mayordomía, etcétera.

4. *Cuadros dramáticos*

Un cuadro dramático difiere de las producciones dramáticas en que no es una historia que se desarrolla alrededor de una trama y un conflicto, sino que a menudo es simbólico y alegórico, el cual presenta grandes movimientos o la historia de alguna iglesia. El cuadro dramático generalmente se compone de episodios enlazados por un tema general. Tiene unidad de propósito, escenas pictóricas y movimientos que lo hacen impresionante. Utiliza música procesional, pantomimas, cuadros plásticos, etcétera.

Temas para cuadros dramáticos pueden ser la Navidad, la Pascua, el Poder de la Palabra de Dios, Historia de la Iglesia, de la Asociación y de la Convención.

En la actualidad se acostumbra en muchas ocasiones grabar toda la narración, el diálogo, la música y los sonidos en cinta. En la presentación los personajes usan la pantomima. Esta resulta bien cuando la presentación es en un auditorio grande o al aire libre, donde el mensaje puede oírse y ser entendido.

5. *Representación de títeres*

El trabajo con títeres ofrece un medio de diversión, y al mismo tiempo es un medio efectivo de comunicación. Todo el mundo se interesa y se deleita en las representaciones de títeres. Pueden ser usados para relatar historias, para hacer anuncios, para llamar la atención o entretener un grupo y para abrir nuevos campos misioneros.

Hay varios tipos de títeres. Los que son manipulados y sujetos con hilos en su parte superior requieren más destreza en su construcción y al manipularlos que cualquiera otra clase de títeres. Los títeres de palillos y de las manos son ideales para los niños. Los pueden manipular fácilmente, y son fáciles para confeccionar. Si el títere ha de tener significado para el niño, él tiene que tener la oportunidad de diseñarlo y construirlo. Por lo tanto él debe ayudar a crear una representación en la cual puede usar títeres. También se confeccionan títeres llamativos con materiales sobrantes, tales como retazos. Además se entrega al niño una bolsa de papel, papel cartulina, lápices de cera, tijeras, goma de pegar, y él se deleitará en la creación de un títere.

La experiencia de valor pedagógico se realiza cuando un grupo de tres o cuatro niños trabajan juntos creando una representación de títeres de una historia. Las representaciones serias tanto como las cómicas pueden usarse con los títeres.

6. Coro hablado

Un coro hablado es una interpretación de alguna porción literaria hecha por cierto número de personas quienes leen el pasaje a una voz. Las voces del coro pueden dividirse en varios grupos: alto, natural y bajo, de acuerdo con el tono de la voz de cada persona. Algunas partes del pasaje se leerán al unísono mientras que otras requieren las voces altas primero y luego las bajas alternativamente. Se puede escoger a una o dos personas para que lean solas. Los sonidos deben armonizar, la enunciación debe ser clara y la interpretación distintiva. El grupo procurará expresar el significado del pasaje de modo que el auditorio tenga la misma experiencia que el coro.

El propósito del coro hablado es compartir un mensaje serio o divertido. No es una lectura antifonal sino un efecto unificado logrado por medio de un ensayo disciplinado igual que el de un coro musical. Los miembros del grupo empiezan al mismo tiempo, hablan con el mismo ritmo, y con expresión y así trabajan como un equipo.

El coro hablado en la iglesia puede ayudar en la presentación del pasaje bíblico o una poesía para un culto de adoración. Es útil en la interpretación de un cuadro plástico o una pantomima. Un coro hablado es la actuación de un grupo lo cual da a los individuos la oportunidad de tener participación en una actividad creativa que enriquecerá su vida y su intelecto; les enseñará a cooperar y ensanchará sus intereses.

7. Cuadros plásticos

El cuadro plástico puede ser uno de los tipos dramáticos más efectivos y es muy fácil de producir. Los participantes en el cuadro no hablan, ni se mueven sino que presentan su mensaje por medio de la expresión de su rostro y la posición de su cuerpo. Generalmente se usan la música y la lectura como fondo para interpretar los cuadros plásticos. El cuadro plástico es apropiado para todas las edades. Por ejemplo, veamos cómo fue usado en un campamento para jóvenes. La cubierta del programa del campamento llevaba el cuadro de un joven controlando el timón de un barco. Detrás de él estaba la silueta de Cristo señalando la dirección con su índice. El título del cuadro: "Cristo Mi Piloto" era el tema del campamento.

Un culto junto al lago sirvió de clímax a las actividades del primer día del campamento, y para muchos de los presentes fue una experiencia inolvidable. Los acampantes al levantar sus rostros, después de una oración, pudieron contemplar un cuadro iluminado por un reflector igual al de la cubierta de su programa. Los personajes en el barco se vistieron exactamente como los del cuadro y permanecieron inmóviles mientras que un trío oculto cantó: "Cristo Mi Piloto Sé" y un narrador leyó un breve mensaje.

La luz disminuyó y el cuadro desapareció en el lago. Pero para los acampantes el cuadro permaneció en su mente y corazón cuando regresaron a sus cabañas. Quedó impreso en su mente y corazón el tema de la semana.

8. Dramatización creativa

La dramatización creativa es un tipo informal en que los niños desarrollan una representación espontánea, sin ensayo previo. No hay diálogo escrito para aprender de memoria, no requiere un escenario ni vestidura especial. Estas representaciones pueden crearse de una historia, de una poesía, de un acontecimiento histórico, de una idea o de una experiencia.

La dramatización creativa puede resultar después de que el maestro relata una historia. A los niños les encanta narrar la historia en sus propias palabras y dramatizarla. Lo que ellos hacen tiene mucho más significado que lo que ven o escuchan. Prefieren participar en un juego que ser espectadores.

El propósito de la dramatización creativa no es preparar protagonistas o producir un drama para presentarlo. No hay auditorio más que los que están en el grupo que participan en la actividad.

9. *Comedia o representación cómica*

Una breve dramatización cuyo único propósito es divertir al grupo se llama comedia. Esta puede ser original o tomada de algún libro. No hay nada más efectivo que las comedias para despertar interés y dar vida a un programa. Hay lugar para este tipo de dramatización en campamentos, banquetes, reuniones sociales, días de campo, horas de compañerismo social, etcétera.

Pocas son las actividades que tienen tan buena aceptación como las dramatizaciones cómicas. Una docena o más de personas pueden ocuparse en la preparación de una sencilla representación cómica. Un grupo grande puede dividirse en secciones permitiendo a cada sección desarrollar una comedia.

En el arreglo de una comedia las barreras que separan a las personas se derrumban y ellas llegan a conocerse unas a otras. Las que se sienten fuera del grupo se identifican. Las que se sienten solas descubren el calor del compañerismo, y las tímidas descubrirán que tienen algo que contribuir.

10. *Dramatización por medio de siluetas*

Una dramatización por medio de siluetas es aquella en la cual los personajes se colocan detrás de un biombo, o una sábana blanca, y el auditorio puede ver sus sombras únicamente. Estas interpretaciones tienen grandes posibilidades, tanto para las representaciones serias como para las comedias. Los reflectores en el proscenio son útiles para dar mayor efectividad, a fin de evitar que el auditorio vea las sombras de las personas que están detrás de la pantalla cuando están cambiando el escenario. Un reflector colocado detrás de la pantalla hará que las sombras de las personas aparezcan entre ésta y aquél. La luz deberá colocarse de tal manera que no se proyecte en un solo lugar, sino que abarque todo el escenario. Se sugiere para lograr esto que se coloquen dos reflectores, uno a cada extremo.

Las figuras que se hallan detrás de la pantalla pueden estar de pie, inmóviles o pueden moverse haciendo ademanes. Estas representaciones pueden interpretarse por medio de la música o por un coro hablado, así como por pantomimas y cuadros plásticos. Las producciones de este tipo de dramatización exigen ensayos esmerados, si se desea obtener una buena representación. Todo debe desenvolverse con precisión y no debe haber ruido al cambiar las escenas. Se apagarán las luces que están detrás de la pantalla y simultáneamente se encenderán las del frente.

II. El Uso del Drama en la Iglesia

Con más frecuencia, interés y éxito se está haciendo uso del drama en el programa de las iglesias. En la presentación de los diferentes tipos de representaciones dramáticas se ha ilustrado cómo estos pueden emplearse para adorar, para enseñar, para evangelizar y para divertir y de qué manera el arte puede ser una ayuda en el desarrollo del carácter cristiano tanto como la buena música y las obras célebres de la pintura.

1. *Valores que aporta el uso del drama*

A continuación se mencionarán algunos de los muchos valores que puede aportar el uso del drama.

1) Enriquece la vida espiritual. Una representación dramática puede dar como resultado el enriquecimiento de la experiencia cristiana tanto para los protagonistas como para los espectadores. Al identificarse con los personajes en el drama las personas toman decisiones que pueden ser significativas en el desarrollo de su vida espiritual.

2) Ofrece oportunidad para la expresión creativa. Es la naturaleza del hombre desear expresarse y el drama ofrece esta oportunidad. La expresión creativa puede realizarse en el diseño y confección del vestuario, escenario o en el arreglo de las luces que se necesitan en la producción de un drama. Algunas de las experiencias más valiosas surgen cuando una persona representa a otro personaje en el drama, haciendo sus veces, expresando sus pensamientos, sentimientos y emociones.

3) Desarrolla la personalidad. Una de las necesidades más grandes para cada creyente es hacerlo sentir que es parte de la iglesia

y que tiene valor en la obra del Señor. Es natural desear contribuir en algo y ser reconocido. Esta necesidad es parte del desarrollo de la personalidad de cada individuo. El drama puede contribuir mucho en este aspecto, porque se necesitan muchos talentos y habilidades en cada representación dramática. Las personas se dan cuenta de que pueden realizar algo que nunca antes imaginaron. En una ocasión un joven muy tímido tomó parte en un drama de Navidad. Con mucho esfuerzo desempeñó su papel muy bien. Desde este momento el muchacho tuvo más confianza en sí mismo y llegó a ser un líder en su iglesia.

4) Enseña el valor de la cooperación y desarrolla el roce social. Las experiencias en el drama hacen a la persona más sensible a los pensamientos y sentimientos de otros. El trabajar juntos en la preparación de un drama puede destruir barreras y prejuicios sociales. A medida que los individuos desarrollan los papeles de los personajes en los dramas su comprensión hacia los seres humanos se ensancha y se profundiza.

5) Despierta interés. Es importante que las personas en la iglesia encuentren actividades recreativas sanas a que dedicarse en sus horas libres. Esto se aplica especialmente a los niños y jóvenes en los meses de vacaciones. Ninguna otra actividad responde a esta necesidad tan adecuadamente como el drama.

6) Puede promover las misiones y la mayordomía. De una manera extraordinaria el drama puede mover a las personas a actuar. Y esta acción constituye una parte significativa en la obra misionera y en la mayordomía. Un drama durante una semana de énfasis misionero puede mover los corazones de las personas a ofrendar y entregar sus vidas y talentos a la obra misionera. De la misma manera un drama de mayordomía presentado en relación con la campaña de mayordomía en la iglesia constituye un medio poderoso para llamar a las personas a hacer su voto de diezmar.

7) Constituye un método para enseñar. Por medio del drama se capta el interés de los alumnos y ellos se identifican con lo que están aprendiendo. Las cosas y situaciones toman vida y son más reales porque cada alumno está experimentando lo que está aprendiendo.

2. *Cuándo y Dónde Se Usa el Drama*

Las representaciones dramáticas deben usarse cuando pueden

comunicar una verdad mejor que otros métodos pedagógicos. Quizá su uso más efectivo en la iglesia será en los organismos educativos de la misma. Si se usan correctamente, los diferentes tipos que se han mencionado anteriormente pueden ser medios por los cuales se impartan las buenas nuevas de Cristo.

El uso del drama no requiere espacio ni equipo especial en el programa educativo de la iglesia. Por ejemplo, en una representación de títeres con niños, el escenario puede improvisarse volteando una mesa de lado y colocando a los que manejan los títeres detrás de ella. Hay muchas dramatizaciones publicadas y a las cuales se puede recurrir cuando se necesite.

La siguiente lista indicará cuándo y dónde se puede usar drama en el programa de la iglesia:

• En el culto de adoración.
• En relación con la semana del hogar cristiano.
• En relación con una semana de estudio bíblico.
• Durante una semana de énfasis misionero.
• En prisiones, hospitales, asilos de ancianos y otros lugares.
• En la escuela dominical para introducir o recapitular las enseñanzas relacionadas con una unidad de estudios.
• En la semana de la Juventud.
• En Navidad, Pascua y otras ocasiones durante el año.
• En retiros y campamentos.
• En relación con la campaña de mayordomía en la iglesia.
• En las Escuelas Bíblicas de Vacaciones.
• En relación con una cantata.
• En las reuniones de las asociaciones y convenciones.
• En reuniones sociales, banquetes, y otras actividades sociales.

3. *Sugerencias para Llevar a Cabo un Programa de Dramatización*

La mayoría de las iglesias ya están usando el drama en alguna forma, pero son pocas que lo han hecho parte de su programa de actividades. Las siguientes sugerencias pueden ser útiles para iniciar y desarrollar esta actividad.

1) Nombrar un director o coordinador. Esta persona escogerá otros colaboradores. Además ella formará parte de la Comisión de

Recreación de la iglesia. (Véase el capítulo V, página 118.) Sería bueno realizar una encuesta con el fin de determinar los intereses y necesidades de las personas y para descubrir líderes para dirigir los diferentes tipos de drama.

2) Empezar a usar el drama. Hay que empezar a usar el drama con el espacio y las facilidades que se tienen. Se iniciará el programa con el tipo o tipos en los cuales haya interés y un líder que se haga cargo de ellos. Puede ser necesario que capaciten a algunas personas para dirigir las diferentes actividades.

Con los niños se puede empezar con la dramatización de algunas historias y con el uso de los títeres. Para lograr la participación de los adultos se puede arreglar una sencilla dramatización mediante una discusión sobre un asunto o un personaje. Se utilizará a los adultos como personajes y se les preparará para que ellos puedan desarrollar bien sus papeles y sentirse satisfechos con sus esfuerzos.

Para los jóvenes se puede seleccionar una obra dramática para que ellos la preparen. Después de presentarla en la iglesia, quizá habrá oportunidad de presentarla a otros grupos.

En algunas iglesias se inicia un programa de drama reuniendo en un grupo a todos los que tengan interés sin importar edades. Trabajarán juntos en el desarrollo de una obra o en el desarrollo de algún drama.

3) Tener a la mano libros y materiales sobre la dramatización. El director del drama y los líderes de los respectivos tipos de drama permanecerán alertas para coleccionar materiales que puedan usar. De cuando en cuando se encuentra material dramático en las revistas como *El Promotor, El Hogar Cristiano,* las revistas misioneras y otras. Además hay libros de dramas que ofrecen un buen surtido de material en esta área. (Véase el *Catálogo de la Casa Bautista de Publicaciones.*)

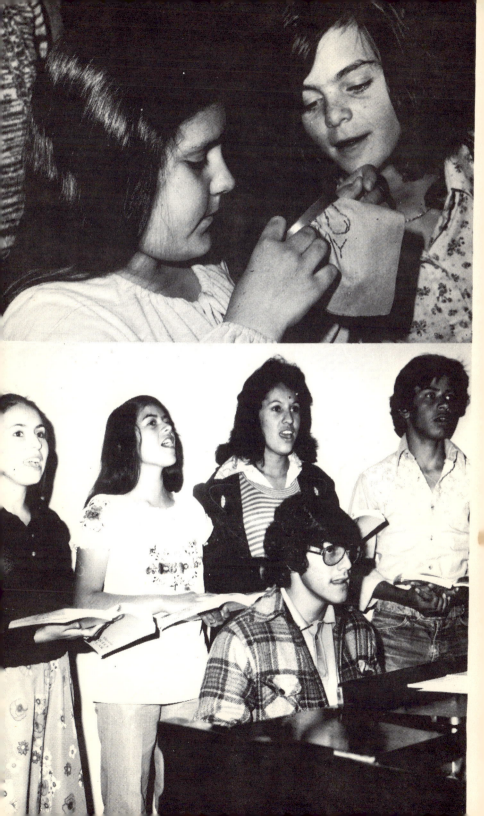

CAPITULO IV

OTRAS AREAS
EN EL PROGRAMA RECREATIVO

Bosquejo

CAPITULO IV

OTRAS AREAS
EN EL PROGRAMA RECREATIVO

Además de las actividades sociales y el drama hay otras áreas que se pueden incluir en el programa recreativo de la iglesia.

I. Deportes

El deporte incluye cualquier tipo de actividad o juego físico. Este puede ser: (1) *por equipos,* como el béisbol, volibol, balóncesto o *fútbol;* (2) *individual,* como excursiones, natación, gimnasia, ciclismo, patinaje, equitación, pesca; (3) *por parejas,* como el juego de tejo, tennis, herradura, etcétera.

1. *Valores del Deporte*

Algunos de los valores que el deporte proporciona tanto para el individuo como para la iglesia son:

1) Ofrece oportunidades para el desarrollo del carácter cristiano y para dar un testimonio personal y positivo de Cristo.

2) Gana a los participantes que no son creyentes para Cristo.

3) Unifica a las personas en una misma causa y las ayuda a poner el interés del equipo antes de su interés personal.

4) Desarrolla cualidades como el deseo de ganar, dominio propio, valor, fidelidad, etc.

5) Estrecha las relaciones entre las iglesias cuando hay un intercambio de los equipos en el juego.

6) Desarrolla un espíritu de compañerismo en la iglesia.

7) Ofrece actividades físicas que ayudan a mantener el cuerpo en buenas condiciones.

8) Proporciona a los participantes la oportunidad de experimentar la satisfacción de ganar y aprender a perder.

9) Anima a los jóvenes y adultos a identificarse más estrechamente con Cristo y su iglesia.

2. Cómo Incluir el Deporte en el Programa Recreativo

Si el deporte llega a formar parte del programa recreativo de una iglesia, las actividades incluidas deben ser aquellas que mejor llenen las necesidades e intereses de los miembros, y que estén dentro de las posibilidades de la iglesia para conducirlas de una manera digna y eficiente. Es preferible empezar con una o dos actividades sencillas y no iniciar un programa extenso que sería difícil de mantener y controlar.

Por ejemplo, una iglesia puede celebrar de cuando en cuando "días de deporte" donde todos los que tienen interés se reúnen en un lugar apropiado para jugar. Pueden formarse equipos de diferentes grupos como de padres e hijos, maestros y alumnos, jóvenes y adultos. A menudo se encuentran miembros en la iglesia que se interesan en el deporte, y que pueden alistarse para dirigir las actividades en estas ocasiones.

Si una iglesia desea incorporar el deporte en su programa recreativo, es necesario buscar y designar a un miembro como coordinador de dicha actividad. El formará parte de la Comisión de Recreación y será responsable de dirigir las diferentes actividades o buscar y preparar a personas para hacerlo. Las actividades proyectadas deberán relacionarse estrechamente con las organizaciones de la iglesia y estar incluidas en el calendario de actividades de la misma. Además, todo deporte, como las demás actividades recreativas, debe dirigirse de acuerdo con las normas establecidas para el programa recreativo de la iglesia. (Véase el reglamento en las páginas 137, 138.) Esto ayudará a asegurar un programa de recreación balanceado, conservará en su perspectiva correcta el deporte y evitará el problema de poner demasiado énfasis en él.

II. Actividades Creadoras o Trabajos Manuales

Cada iglesia puede incluir en su programa de recreación actividades creadoras. Esta es un área en que muchos pueden participar. Consiste en la confección de alguna cosa u objeto, y la clase de material que se usa generalmente determina la naturaleza de la actividad. Los materiales pueden incluir lo siguiente: madera, metal, hule, cuentas, pintura, linoleo, barro, plástico, cuero, tela, estambre, etcétera.

Se dice que todos nacen con el deseo de crear. Los niños desde su infancia se expresan en maneras creativas e interesantes. Las niñas, por lo general, desarrollan actividades relacionadas con la maternidad y el hogar. Ellas visten sus muñecas, les gusta coser, bordar y cocinar. Los muchachos en cambio construyen aviones, barcos, máquinas y edificios. El factor que hace que la actividad creadora sea tan valiosa para la raza humana es el deseo de expresarse en una forma tangible. Desde el principio el hombre ha expresado su carácter, sus sueños y sus habilidades en la confección de las cosas materiales que le gustan.

El desarrollo de actividades creadoras puede fortalecer la iglesia proveyendo más oportunidades por las cuales las personas pueden servir a Dios. Hay siempre individuos en una congregación que no saben enseñar. Otros piensan que no pueden orar en público, cantar, ni tocar un instrumento. A menudo estas mismas personas tienen talentos artísticos que encontrarán expresión dirigiendo un grupo de la iglesia en una actividad creadora. Cuando descubrimos a una persona que sabe tocar un instrumento o cantar, debemos alistarla en el programa musical de la iglesia. Cuando encontramos a personas con otros talentos, debemos procurar lograr su participación. Así es que cuando hay líderes disponibles en el área de actividades creadoras, es bueno hacer uso de sus habilidades y aprovechar sus deseos de servir.

Las clases o los grupos que participan en las actividades creadoras con frecuencia ayudan en diversas maneras en la iglesia. Por ejemplo, pueden confeccionar los adornos y otros materiales para una actividad social; ayudar en los trabajos manuales en una Escuela Bíblica de Vacaciones, en un campamento o en un retiro. Estos tienen la oportunidad de extender su ministerio en hospitales, asilos de ancianos, orfanatorios y otros lugares guiando así a las personas a desarrollar actividades semejantes.

Para cerciorarse de cuales son las actividades creadoras que se incluirán en el programa recreativo, hay que hacer un estudio con el fin de conocer los intereses de los miembros. Se escogerá a aquéllas en las cuales haya más interés y que haya quienes puedan dirigirlas. No se procurará incluir muchas actividades a la vez, pero se escogerá una por un tiempo definido y después otra. Los grupos que participen en ellas no tienen que ser numerosos. Por lo general el individuo compra sus propios materiales, así es que no significará ningún gasto para la iglesia.

III. Retiros

Un retiro es una separación de la rutina de las actividades diarias en un lugar exento de interrupciones. La iglesia puede dirigir un retiro para preparar a sus líderes, un retiro para la juventud, para los matrimonios jóvenes, para los adultos o para todos los miembros. El programa del retiro consistirá en adoración, estudios bíblicos y/u otros, mesas redondas, testimonios y recreación. Las actividades recreativas en el retiro dependerán del grupo, el propósito de la actividad y el lugar donde se celebre.

Tres o cuatro iglesias o una asociación pueden unirse en un retiro. De esta manera sería más fácil alquilar un local apropiado, invitar a un orador oficial, y tener un programa más extenso.

IV. Excursiones

Una excursión es una actividad celebrada durante el día con muchachos de seis a once años de edad, utilizando la naturaleza para enseñarles acerca de Dios. El programa es semejante al de la Escuela Bíblica de Vacaciones. Consiste en actividades creativas, juegos, música, estudio y adoración. Además de celebrar una excursión para los niños en una iglesia local, se puede usar para alcanzar a los muchachos de los barrios bajos, de los centros misioneros y de otros lugares.

V. Música en la Recreación

El cantar y tocar música con el fin de regocijarse ha sido una parte de la vida de la iglesia por muchas generaciones. Pueden tenerse reuniones informales de compañerismo en que las que se toquen instrumentos y se cante. Cantando alrededor de una fogata, en una actividad social o en otra reunión ofrece una buena oportunidad para usar la música en la recreación.

VI. Actividades Recreativas para Grupos de Interés Común

Hay grupos en las iglesias que por su edad, por su estado civil, por su trabajo u otro factor semejante tienen ciertos intereses comunes. Tales grupos pueden ser los estudiantes universitarios o de secundaria, las señoritas, los matrimonios jóvenes, los adultos de mayor edad, etcétera. La iglesia puede captar este interés y patrocinar actividades recreativas eventuales para ellos. Estas actividades variarán de acuerdo con el grupo y sus deseos. Puede consistir en una actividad social en la iglesia, en un hogar o en otro lugar, en un retiro, en una excursión u otra cosa.

Estas actividades algunas veces tendrán como propósito divertir o incluirán también estudios y fines espirituales. En ocasiones cuando una escuela pública patrocina una diversión contraria a las normas cristianas, conviene que la iglesia ofrezca otra actividad social para ese mismo grupo, en el mismo día.

VII. **Actividades Culturales**

La vida abundante en Cristo incluye el aspecto cultural y esta área bien cabe en el programa recreativo de la iglesia. Somos producto de nuestra cultura; nuestra habilidad para comunicar efectivamente emana de nuestro trasfondo cultural.

Las actividades culturales incluyen: clubes de lectura, arte, música, grupos de discusión, debate, declamación, etcétera. Algunas de estas actividades se relacionan más con un organismo o grupo de la iglesia, mientras que otras son para todos los miembros.

VIII. **Actividades de Servicio Social**

La recreación se extiende a casi cada esfera del ministerio de la iglesia. Hay actividades de servicio social, de acción misionera que una organización puede llevar a cabo, y que frecuentemente incluye recreación y experiencias de compañerismo. Consisten en un grupo unido que realiza algún proyecto y se goza en hacerlo; proyectos como ministrar a los enfermos o necesitados, grupos de ancianos, o de inválidos, etcétera.

La recreación en la iglesia tiene como propósito ayudar a los miembros a utilizar su tiempo libre. Una buena manera de usarlo es ayudando a otros en el nombre de Cristo. Por medio de esta actividad las personas que participan experimentan satisfacción y gozo en servir y al mismo tiempo muestran el evangelio de manera que resulte en ganar a otras personas para Cristo y en bendición para los creyentes.

Al servir, el grupo estrecha los lazos de amor e interés por otros. Pueden formar equipos de manera diferente—ministrando a otros al mismo tiempo que se divierten.

Cuando a un individuo le agrada jugar o desarrollar una actividad creadora, generalmente le gusta compartirla con otra persona. Las actividades de servicio social ofrecen oportunidades para que el grupo comparta con otros juegos, actividades creadoras, cantos, lecturas y otras cosas más.

IX. **Recreación Familiar**

Aunque la recreación en la familia no formaría parte del programa organizado de recreación de una iglesia, no cabe duda que existe una gran necesidad de procurar extender el ministerio de la misma para mejor llenar las necesidades de las familias que la integran, no solamente en el sentido espiritual sino también en el social. Las actividades recreativas en las que participan las familias influyen grandemente en la vida de sus miembros y esto a la vez se refleja en la iglesia.

En el día de hoy cuando el divorcio se está haciendo más común, cuando tantos hogares están destrozados por la discordia, por la brecha entre padres e hijos, por la rebeldía de los hijos, se hace imperiosa la necesidad de hacer frente a estos problemas con el fin de contrarrestarlos. Aun en hogares en que los padres asisten al templo con frecuencia no existe el espíritu de compañerismo y gozo que conducen al desarrollo de la vida espiritual de sus miembros.

Las actividades recreativas en el templo son buenas y ayudan a las relaciones familiares, pero no son suficientes para fomentar los lazos de amor y compañerismo entre hijos y padres. Los hijos, tanto chicos como grandes necesitan gozar del compañerismo de sus padres, mediante el juego y otras actividades recreativas. Se dice que "la familia que ora y juega junta, permanece junta".

¿Cómo puede el programa recreativo de la iglesia impulsar y fomentar las relaciones sociales en los hogares de sus miembros? A continuación se mencionarán algunas cosas:

1. *Celebrar Reuniones Sociales para la Familia en la Iglesia*
De cuando en cuando se debe planear una actividad social en la iglesia o en otro lugar que incluya a toda la familia. La semana del hogar cristiano, el día de la madre, el día del padre y el día del niño ofrecen oportunidades para celebrar tales festividades. Algunas iglesias observan una noche familiar cada mes con muy buen éxito.

2. *Celebrar la Semana del Hogar Cristiano*
La semana del hogar cristiano ofrece una excelente oportunidad para hacer hincapié en la importancia del hogar. En las reuniones con los adultos se pueden tratar asuntos que atañen al hogar y que incluirán las relaciones sociales. Entre los niños y jóvenes hay oportunidad de inculcarles más amor por sus hogares y recalcar su papel como hijos.

3. *Presentar Dramas Sobre el Hogar*
En la semana del Hogar Cristiano y en otras ocasiones, un drama sobre el hogar resultará de bendición para las familias de la iglesia. Sería de valor dramatizar actividades y juegos que la familia unida puede desarrollar.

4. *Tener Conferencias Sobre la Recreación en el Hogar*
En las reuniones de los diferentes organismos y en otras ocasiones hay que aprovechar la oportunidad para hablar con los padres e hijos sobre la recreación, haciéndoles reflexionar en cómo planear juntos actividades sociales y sugiriendo diversas maneras de realizarlas. Los padres deben planear actividades sociales que incluyan a toda la familia. Por ejemplo, una excursión a un lugar interesante. Los padres permitirán a sus hijos sugerir lo que les guste hacer. Habrá ocasiones cuando los padres planearán una actividad con los niños pequeños solamente, otras con los de mayor edad. Habrá ocasiones cuando padres e hijos disfrutarán de una actividad juntos, y viceversa, las madres e hijas. Lo que los hijos necesitan sentir es que sus padres se interesen en su vida social y se gozan en su compañerismo. Hay que mantener abiertas las puertas del hogar para los amigos de sus hijos y planear actividades sociales para ellos en el hogar.

5. *Enseñar Actividades Sociales y Juegos de Mesa para Desarrollarlas en los Hogares.*
Sería de mucho valor enseñar a los padres y a los hijos juegos,

cantos y otras actividades para desarrollarlos en sus hogares. Muchos de los juegos quietos, los trucos mentales y otros que se encuentran en los libros de recreación pueden usarse con la familia. También hay juegos de mesa como el dominó, damas chinas, damas inglesas, la oca, rompecabezas, el ajedrez y otros juegos que la familia puede disfrutar junta.

6. Celebrar Fiestas en el Hogar

Los miembros de la iglesia pueden aprovechar oportunidades para asistir a una actividad social que se tenga en el hogar de algún miembro que celebre un cumpleaños, aniversario u otra ocasión especial. Es de mucho estímulo para toda la familia cuando los miembros de la iglesia comparten con ellos estos momentos de regocijo.

7. Impulsar la Noche Familiar en Cada Hogar

La Comisión de Recreación en la iglesia puede hacer hincapié en que cada familia escoja una noche cada semana como noche familiar cuando ella planee alguna actividad junta como familia. Esta puede celebrarse en el hogar jugando, o asistiendo a una actividad en la que todos se deleiten en una experiencia social.

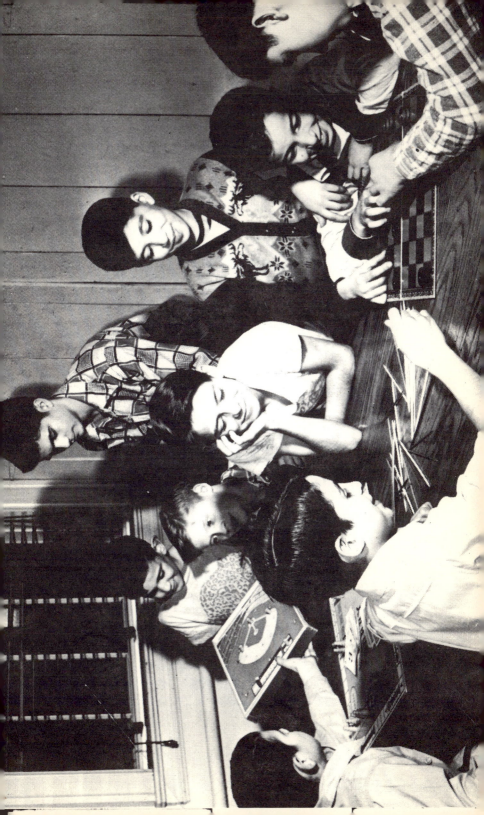

CAPITULO V

LA ORGANIZACION
DEL PROGRAMA RECREATIVO

Bosquejo

I. Sugerencias de Organización
   1. *Plan uno: sólo un director de recreación*
   2. *Plan dos: una comisión de recreación*
   3. *Plan tres: comisión de recreación con más miembros*
II. Las Responsabilidades de la Comisión de Recreación
   1. *Director*
   2. *Deberes de los coordinadores de áreas específicas*
   3. *Deberes de los representantes de los departamentos o Grupos*
   4. *Otras responsabilidades generales de la comisión de recreación*
III. La Dirección del Programa Recreativo
   1. *La coordinación de la dirección con el programa de la iglesia*
   2. *Reuniones de la comisión de recreación*
   3. *La planeación del programa recreativo*
   4. *El proceso de planeación*
   5. *Recursos económicos*
IV. A Trabajar

CAPITULO V

LA ORGANIZACION
DEL PROGRAMA RECREATIVO

La mayoría de las iglesias desarrollan de cuando en cuando algunas actividades recreativas como reuniones sociales, tardeadas o días de campo. Sin embargo, muy a menudo se realizan solamente a iniciativa de una persona o un grupo cuando lo creen conveniente. No hay ningún plan para ellas, y el resultado es la exclusión de muchas de las personas de la iglesia y una dirección mediocre de las actividades que se celebran. Aun cuando haya una Comisión de Recreación nombrada, ésta ignora, quizá involuntariamente, sus responsabilidades, y la iglesia no recibe el beneficio de su trabajo. En este capítulo se procurarán ofrecer algunas sugerencias que ayudarán a cada iglesia en la organización de un programa recreativo adecuado teniendo en cuenta sus necesidades y posibilidades.

I. Sugerencias de Organización

La organización para planear, coordinar y ayudar en la dirección de las actividades recreativas en las iglesias variará de acuerdo con el número de miembros, las organizaciones educativas que tengan y su liderazgo. Esto no quiere decir que una iglesia con pocos miembros debe adoptar la estructura más sencilla en su organización recreativa; tampoco quiere decir que una iglesia con más miembros debe usar la estructura más complicada. Se organizará de acuerdo con las necesidades y posibilidades con la mira de extender ésta en el momento oportuno.

Una manera de determinar la organización que se debe estructurar sería llevando a cabo una encuesta o haciendo un estudio de los intereses recreativos de los miembros o de las personas que asisten al templo. Además de las actividades sociales que cada iglesia incluirá en su programa, este estudio revelará otra área de recreación que se debe incluir.

1. *Plan uno: sólo un director de recreación*

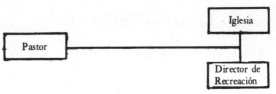

Hay iglesias con muy pocos miembros en las que un director puede asumir la responsabilidad de dirigir las actividades recreativas. Este será nombrado por la iglesia y coopera con el pastor en el desarrollo del programa recreativo para todos los organismos de la misma. El director es miembro de la Comisión Coordinadora de la iglesia. El ofrece ayuda en el área de la recreación para los líderes de los respectivos organismos.

2. *Plan dos: una comisión de recreación*

Esta Comisión estará integrada por el director, un coordinador y un representante para los diferentes departamentos o grupos. El coordinador es miembro de la Comisión de Recreación con responsabilidades en un área particular de recreación. como el de las actividades sociales, drama o actividades creadoras. El coordinador es generalmente la primera persona que se agrega a la comisión después del director. Tal vez él serviría como coordinador de actividades sociales, puesto que ésta es la más popular y más fácil de dirigir en las iglesias. Otros coordinadores pueden agregarse a la Comisión a medida que el programa se extiende para incluir otras áreas de recreación.

El representante de los grupos o departamentos es una persona que sirve en la Comisión de Recreación con la responsabilidad principal de interpretar las necesidades de los respectivos grupos o departamentos. Generalmente esta persona será un joven o adulto. Se puede empezar con un solo representante, agregando otros según se necesiten.

3. *Plan tres: comisión de recreación con más miembros*

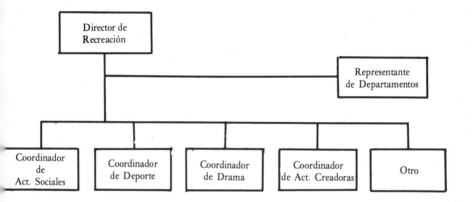

En este plan la Comisión de Recreación está integrada por el director, coordinadores para las áreas de recreación y el número de representantes que se necesiten. Aunque no haya muchas iglesias que demanden una organización tan extensa, una presentación de ella puede ayudar a algunas iglesias a adaptar una organización que mejor llene sus necesidades. Hay que recordar que lo que se ha presentado anteriormente son solamente sugerencias que deben ser adaptadas.

II. **Las Responsabilidades de la Comisión de Recreación**
    1. *Director*
    1) Presidir en las reuniones de la Comisión; designar a un miembro para presidir en su ausencia.
    2) Dirigir la planeación, coordinación, operación y evaluación de todas las actividades recreativas de acuerdo con las responsabilidades que la iglesia le asigne.

3) Representar el programa recreativo en la Comisión Coordinadora; coordinar las actividades recreativas con el calendario de actividades de la iglesia.

4) Colaborar con la Comisión de Candidaturas para la selección de los miembros que integrarán la Comisión de Recreación.

5) Preparar a los miembros de la Comisión, establecer las fechas y el lugar de las reuniones de la misma.

6) Reunirse con los miembros de la Comisión tantas veces como sea necesario para ayudarlos a dirigir y evaluar las actividades recreativas.

7) Guiar a la Comisión a formular metas para el año siguiente.

8) Vigilar que los miembros de la Comisión desempeñen sus responsabilidades y que tengan el equipo necesario para hacerlo.

9) Promover cursos de estudio sobre la recreación para los miembros de la iglesia.

10) Rendir un informe a la iglesia en sus reuniones administrativas.

11) Guiar a la iglesia a incluir en el presupuesto una partida para recreación.

12) Encargarse del inventario y el cuidado del equipo que se usa en el programa recreativo, y el cuidado del mobiliario de la iglesia durante el desarrollo de las actividades sociales.

13) Aprobar y supervisar otras actividades recreativas no incluidas en el calendario de actividades de la iglesia.

14) Encargarse de la colección de libros y materiales sobre la recreación para el uso de los líderes. Si la iglesia tiene una biblioteca, estos materiales deben estar clasificados y guardados allí. Se establecerá un sistema para prestarlos y cuidarlos.

2. *Deberes de los coordinadores de áreas específicas*

1) Proyectar planes y establecer metas para un área o áreas de recreación.

2) Alistar en colaboración con la Comisión de Recreación los líderes para desarrollar las actividades en su área respectiva.

3) Encargarse del inventario, cuidado, reparación y almacenaje de los materiales y el equipo en su área de recreación.

4) Planear, promover y dar publicidad a las actividades en su área de responsabilidad.

5) Trabajar con el director de la Comisión de Recreación preparando personas que sirvan en su área.

6) Participar en las reuniones de la Comisión de Recreación.

7) Anticipar las necesidades en su área para incluirlas en el presupuesto.

8) Desarrollar otras responsabilidades asignadas por el director.

3. *Deberes de los representantes de los departamentos o grupos*

1) Dar a conocer al director las necesidades y oportunidades de su grupo en la Comisión de Recreación.

2) Ayudar a la Comisión de Recreación a planear y promover actividades recreativas para su grupo.

3) Alistar a otros para ayudar en la dirección de las actividades.

4) Participar en todas las reuniones de la Comisión de Recreación.

5) Desarrollar otras responsabilidades asignadas por el director.

4. *Otras responsabilidades generales de la comision de recreación*

El "panorama global" de la Comisión de Recreación puede manifestarse en cinco tipos de acción.

1) Descubrir los intereses, necesidades y posibilidades de los miembros de la iglesia. Esto puede realizarse por medio de una encuesta. El estudio se hará en cooperación con la Comisión Coordinadora. Esta decidirá la mejor manera de hacerlo. Por lo general se usará la escuela dominical puesto que es el organismo más concurrido. (Véase en la página 126 un ejemplo de un esqueleto o cuestionario que las personas pueden llenar.)

2) Coordinar todo el programa recreativo de la iglesia. El director de recreación es un miembro de la Comisión Coordinadora (u otro grupo semejante). Trabajando con los demás líderes de la iglesia, él coordina las actividades recreativas con las otras actividades. El elaborará horarios que complementen y no estorben el desarrollo del programa de la iglesia.

3) Ayudar a preparar líderes para dirigir la recreación de la iglesia. El director de recreación es responsable de la preparación de los miembros de la comisión y otros líderes de recreación. La comi-

sión proveerá materiales sobre la recreación para las personas en los diferentes organismos responsables de la dirección de las actividades sociales de la misma. Como una parte de su preparación la comisión puede estudiar éste y otros libros sobre la recreación. Cada miembro permanecerá alerta en la búsqueda de materiales que le ayudarán a desarrollar mejor su responsabilidad respectiva.

4) Ayudar a los diferentes organismos de la iglesia en sus actividades recreativas. La comisión debe estar preparada para ayudarles cuando soliciten ayuda. También la Comisión puede tomar la iniciativa para sugerir actividades recreativas a los organismos que no las estén incluyendo en su programa. A menudo los líderes de la iglesia no se dan cuenta de la ayuda que la comisión puede proporcionarles, y hay que informarles de dicho servicio.

5) Planear, promover y dirigir las actividades recreativas que no están patrocinadas por una organización o grupo específico. Siempre hay algunas actividades recreativas de la iglesia que no están directamente patrocinadas por ningún organismo en particular. El programa deportivo por ejemplo, es generalmente promovido por todas las organizaciones y no por una sola. La iglesia puede pedir a la Comisión de Recreación que se encargue de otras actividades durante el año.

III. La Dirección del Programa Recreativo

Ya sea que la iglesia tenga una persona como director o una Comisión de Recreación con muchos miembros, lo importante es que se realice el trabajo relacionado con el programa recreativo de la misma. ¿Cuál es la mejor manera de hacerlo? El trabajo consta de tres fases que con frecuencia se intercalan pero nunca culminan. La comisión tiene que planear su trabajo, desarrollar sus planes, evaluar sus acciones, y usar sus evaluaciones para hacer mejores planes.

1. *La coordinación de la dirección con el programa de la iglesia*
Se sugiere que todos los organismos de la iglesia sigan un plan de acción semejante. Este consiste en alistar sus líderes, prepararlos e iniciar su programa anual en la fecha señalada. La Comisión de Recreación puede fortalecer su ministerio uniendo sus manos en este esfuerzo programado y coordinado.

El director de recreación como parte de la Comisión Coordinadora de la iglesia se identifica con los demás líderes y recibe la misma preparación. El, juntamente con la Comisión Coordinadora, formulará planes generales.

Los miembros de la Comisión de Recreación serán seleccionados y nombrados por la iglesia. Entonces hay que capacitarlos para desarrollar efectivamente sus responsabilidades. Ellos empezarán a planear las actividades recreativas para el año siguiente. Todo debe estar listo para iniciar este programa en la fecha señalada.

2. *Reuniones de la comisión de recreación*

La Comisión de Recreación tiene que reunirse cuando menos una vez al mes si ha de llevar a cabo sus responsabilidades y servir con efectividad. La fecha y la hora de reunión sería cuando los miembros puedan asistir. El propósito de estas reuniones será evaluar las actividades recreativas que se han efectuado anteriormente, terminar los planes pendientes relacionados con los que han de desarrollarse y hacer planes para las que están programadas en el calendario de actividades de la iglesia.

3. *El planeamiento del programa recreativo*

Un planeamiento efectivo de parte de la Comisión de Recreación determina el qué, cuándo, quién, cómo y las acciones necesarias para realizar el trabajo.

El planeamiento del programa recreativo incluye: la selección de los diferentes tipos de actividades que se ofrecerán a los individuos, a los grupos y a la iglesia en general, Incluye el estudio de cómo ayudar mejor a los organismos en sus actividades recreativas. Las respuestas a estas preguntas son básicas para hacer los planes: ¿Qué trabajo se necesita realizar? ¿Qué es necesario hacer para llevar a cabo el trabajo? ¿Cuándo se realizará este trabajo? ¿Quién lo hará? ¿Cómo se hará?

Es importante planear un programa balanceado. Debe haber una variedad de actividades, de acuerdo con las necesidades de los miembros y los organismos. Se pueden agregar actividades nuevas a medida que se sienta la necesidad de ellas, y de la misma manera hay que suspender las actividades que no produzcan resultados.

4. *El proceso de planeamiento*

Un procedimiento sistemático facilitará el planeamiento del trabajo de la Comisión de Recreación. Los elementos básicos en el planeamiento son:

1) La Comisión Coordinadora formula los planes para todo el programa de la iglesia. El director de recreación representa el programa recreativo en esta comisión.

2) El director de recreación presenta a la Comisión de Recreación cualquier plan elaborado por la Comisión Coordinadora que tenga que ver con el programa recreativo.

3) La Comisión de Recreación hace planes para las actividades recreativas en el calendario de actividades de la iglesia.

4) La Comisión de Recreación señala una hora para reuniones con los líderes de cada organismo para discutir y planear sus actividades recreativas.

5) El director presenta a la Comisión de Recreación cualquier plan, recomendación y sugerencia que desea proponer para la iglesia o los organismos. Se discuten estos y las decisiones serán hechas por el grupo.

6) Cada miembro de la Comisión de Recreación presenta al grupo los planes, recomendaciones, y sugerencias en su área de responsabilidad.

7) El trabajo del programa recreativo es evaluado periódicamente por la Comisión de Recreación, y los planes serán modificados cuando se necesite.

8) Se llevará a cabo una reunión con los líderes de cada departamento o grupo en particular cuando menos una vez al año.

5. *Recursos económicos*

Se necesitan recursos económicos para llevar a cabo el programa recreativo de la iglesia. Puesto que la recreación es una parte del programa de la misma, ésta es responsable de suplir estos fondos. La Comisión de Recreación es responsable de formular una estimación del dinero necesitado y de presentarlo a la Comisión de Finanzas. El director de recreación es responsable de autorizar todos los gastos, limitándolos a la cantidad presupuestada. Llevará al día un registro de los gastos y rendirá un informe a la iglesia.

IV. **A Trabajar**

Después de haber definido la organización del programa recreativo y delineado el procedimiento a seguir, la Comisión de Recreación podrá proyectar los planes por un año. Una vez que la iglesia haya aprobado los planes y la partida para recreación dentro del presupuesto, la Comisión estará lista para realizar el programa proyectado.

Ahora es cuando el trabajo comienza: desarrollar los planes con oración, ministrar a las personas por medio de la recreación, alcanzar a los individuos, y llevar a cabo la obra de Cristo. Es importante que la Comisión de Recreación se dedique a realizar sus responsabilidades dependiendo de Dios para que guíe y bendiga sus esfuerzos.

ENCUESTA DE INTERES
EN ACTIVIDADES RECREATIVAS

Nombre:_____ Sexo: M____

Fecha de Nacimiento _____   F____

Domicilio: _____

Miembro de la Iglesia:_____ Organismos de la iglesia a que asiste:

      Escuela Dominical_____Unión Femenil Misionera_____

      Unión de Jóvenes_____ Unión Varonil Misionera_____

      Otras _____

     Sírvase indicar su interés y participación en las siguientes actividades recreativas señalando con una flecha (↓) en el primer espacio correspondiente a cada actividad. Si puede servir como coordinador(a) o director(a) de algunas de estas áreas de recreación, indíquelo con la misma señal en el segundo espacio.

	Interés	Dirigir		Interés	Dirigir
ACTIVIDADES SOCIALES:					
Reuniones Sociales	____	____	Tés	____	____
Banquetes o Cenas	____	____	Recepciones	____	____
Tardeadas o			Otras: ____		
Días de Campo	____	____			
DRAMA:			Dramatización		
Comedias	____	____	Creativa	____	____
Obras Dramáticas	____	____	Títeres	____	____
Coro Hablado	____	____	Otro: ____		
Monólogo	____	____			
DEPORTES					
Béisbol	____	____	Natación	____	____
Volibol	____	____	Gimnasia	____	____
Excursiones	____	____	Patinaje	____	____
Otros: ____					

Interés Dirigir   Interés Dirigir

TRABAJOS MANUALES O ACTIVIDADES CREADORAS

	Interés	Dirigir		Interés	Dirigir
Costura	___	___	Escultura	___	___
Modelado	___	___	Pintura	___	___
Flores	___	___	Tejer	___	___
Cocina	___	___	Trabajo en		
			Madera	___	___

Otros: _____

RETIROS   ___   ___
MUSICA
Coro   ___   ___   Instrumento   ___   ___
Orquesta   ___   ___   Otro: _____

_____   _____

ACTIVIDADES CULTURALES
Club de Lectores   ___   ___   Declamación   ___   ___
Debate   ___   ___   Arte   ___   ___
Otras _____   ___

SERVICIO SOCIAL
Hospital   ___   ___   Visitación   ___   ___
Clubes de Niños   ___   ___   Clínica   ___   ___
Clases de   Otros: _____
Alfabetización   ___   ___   _____

RECREACION FAMILIAR

Reuniones
Clases   ___   ___   en hogares   ___   ___
Noche Familiar (en el   Otro: _____
   templo)   ___   ___   _____

CAPITULO VI

LOS DIRECTORES
DEL PROGRAMA RECREATIVO

Bosquejo

I. Cualidades Generales de los Directores de Recreación
   1. *Apreciar la importancia de la recreación*
   2. *Conocer los organismos de la iglesia*
   3. *Tener el punto de vista de la iglesia en cuanto a las actividades recreativas*
   4. *Comprender y amar a toda la gente*
   5. *Poseer temperamento para la recreación*
   6. *Prepararse*
   7. *Congregarse*

II. La Personalidad de los Directores de Recreación
   1. *Un espíritu jovial*
   2. *Atractivo en su persona*
   3. *Vitalidad abundante*
   4. *Optimismo*
   5. *Confianza en sí mismo*
   6. *Belleza interior*

III. Un Examen Personal
IV. Conclusión. ¿Quién Puede Ser Director de las Actividades Recreativas?

CAPITULO VI

LOS DIRECTORES
DEL PROGRAMA RECREATIVO

No hay factor que contribuya más al buen éxito del programa recreativo de la iglesia que tener directores capaces, preparados y consagrados. Alguien ha dicho que el noventa por ciento del éxito de cualquier empresa depende de la dirección. Sea exacto o no este porcentaje, el éxito y el valor de un programa recreativo en gran parte dependerá de los directores. Aunque el equipo, materiales y sostenimiento financiero son importantes y se necesitan, sin embargo la necesidad más grande es un grupo de dirigentes diestros en el trabajo. La buena dirección puede suplir la falta de equipo y materiales; pero el mejor equipo y materiales con una dirección deficiente dará por resultado un programa deficiente.

I. Cualidades Generales para los Directores de Recreación

Estas cualidades se aplican a todos los que tienen alguna responsabilidad en cuanto a las actividades recreativas de la iglesia. Un estudio de éstas ayudará a la realización de un examen personal para determinar si posee las características necesarias para ser un buen director y lo que debe procurar cultivar y adquirir.

1. *Apreciar la importancia de la recreación*

No se hará un gran esfuerzo para realizar una tarea a menos que uno tenga la convicción de que ésta es importante. El director de recreación deberá darse cuenta de que la recreación es un factor muy importante en la vida para la formación de la personalidad y del carácter. Deberá informarse de las condiciones modernas que hacen que sea más necesario un programa adecuado de recreación en la iglesia. Asimismo, debe estar convencido de que la recreación no solamente contribuirá en gran manera para beneficio de los individuos, sino hará mucho en favor del desarrollo moral del grupo. Esto significa que la dirección de cualquier área de recreación deberá reconocerse como una tarea de grande oportunidad y responsabilidad.

2. Conocer los organismos de la iglesia

La mayoría de las actividades recreativas son o deberán ser promovidas por los organismos educativos de la iglesia. Por esto, los directores de recreación deberán familiarizarse con el propósito y programa de los mismos.

3. Tener el punto de vista de la iglesia en cuanto a las actividades recreativas

Las actividades recreativas deberán usarse por las iglesias con propósitos educativos y como medios y no como fines. Su propósito verdadero será contribuir al trabajo principal de la iglesia, al desarrollo del carácter cristiano, del cual el primer paso es ganar a los perdidos para Cristo. Los directores del programa recreativo de la iglesia deberán tener este punto de vista en su trabajo.

4. Comprender y amar a toda la gente

A los directores de recreación les corresponderá trabajar con las personas y tendrán que comprenderlas si han de dirigirlas con buen éxito; pero además tendrán que amarlas si esperan lograr su cooperación. Deberán comprender y tratar con simpatía las diferentes clases o tipos de personalidades. Los directores evitarán que las personas les hagan enojar o perder la calma y el dominio propio. La mejor manera de tener éxito en este sentido es cultivar el aprecio y amor para con todas estas clases de personas.

5. Poseer temperamento para la recreación

Hay ciertas cualidades generales tales como iniciativa, energía y entusiasmo, que son esenciales para el director de cualquier empresa. Aunque el director de recreación necesitará también poseer estas cualidades, es importante que sea original, alegre, alerta, que tenga tacto y disposición de trabajar con otros. Deberá ser sociable por naturaleza y experimentar gozo al estar con un grupo ayudándoles a divertirse. Deberá amar a todos y no tener una actitud de crítica hacia ellos.

6. *Prepararse*

Los directores no nacen; se hacen. Esto se logra principalmente por medio de la instrucción y la experiencia. Los que son responsables de la dirección de las actividades recreativas de la iglesia deberán buscar la mejor preparación posible, y su disposición para esforzarse en este sentido indicará realmente si son dignos de ocupar este puesto. La instrucción tiene su valor, pero no tanto como la práctica. El principio expresado en el dicho: "El violinista aprende a tocar tocando" se aplica a la destreza en cualquier cosa.

7. *Consagrarse*

Si los directores de recreación ejercen influencia sobre las vidas de otros como se ha sugerido, entonces es tan esencial que ellos tengan vidas consagradas como cualquier otro oficial de la iglesia. Ellos serán personas que oran y que juegan. Su propia vida social y recreativa deberá ser irreprochable; nunca participarán en una diversión sospechosa o dudosa que pudiera escandalizar a los creyentes o a los inconversos. Practicarán solamente las cosas que glorifiquen a Dios, aquellas en las cuales pudiera ir acompañado de Jesús. Deberán ser reconocidos como personas que manifiesten el espíritu cristiano en cada aspecto de su vida (Colosenses 3:17).

III. La Personalidad de los Directores de Recreación

La personalidad es algo intangible, algo que no se puede definir; es algo que distingue a una persona de otra. Todos poseemos personalidad: algunos muy atractiva, otros en menos escala; algunos dinámica, otros débil y distraída; algunos petulante, otros más seria; algunos negativa, otros positiva; algunos agresiva y otros tímida. El director de recreación debe tener una personalidad que sea atractiva, dinámica, positiva y no demasiado seria. La posesión de las cualidades generales ya mencionadas determinará en gran manera el tipo de personalidad que uno tiene. A continuación se mencionarán otros factores que contribuirán al desarrollo de la personalidad que los directores de recreación necesitan.

1. *Un espíritu jovial*

El director de recreación deberá poseer un espíritu alegre y di-

vertido, deberá tener simpatía natural para el área de recreación que
está dirigiendo.

2. Atractivo en su persona

La pulcritud es un factor de suma importancia para que la persona sea atractiva. El director deberá vestirse y arreglarse de tal manera que produzca una buena impresión en todo el grupo. Un buen
principio que deberá seguirse es: "El obrero cristiano usará ropa que
lo haga más atractivo, que le ayude a cumplir con más eficiencia su
trabajo. La ropa deberá ser un instrumento para llevar un mensaje, y
no objeto de observación o comentarios especiales." Nuestra indu-
mentaria será más apropiada mientras menos atraiga la atención de
las otras personas.

3. Vitalidad abundante

El sentido de avivamiento es esencial en un tipo de personalidad
dinámica. Este se basa en el bienestar físico y en la agudeza mental.
Una persona que tenga una vitalidad física y mental exuberante
amará a otros y aun la vida misma, y desempeñará todo su trabajo
con mucho entusiasmo.

4. Optimismo

Un estudio detenido de los directores en todas las vocaciones y
profesiones de la vida revelará que por lo general son personas opti-
mistas. Ellos pueden ver una oportunidad en cada dificultad; tienen
fe en sus mensajes y en Dios; tienen la habilidad de animar a los de-
salentados. Los grupos no seguirán a un pesimista; y especialmente
en el campo de la recreación esto es una gran verdad.

5. Confianza en sí mismo

Hay una diferencia notable entre individuos en cuanto a la confianza que tienen en sí mismos y en su habilidad para cumplir sus
trabajos. Una persona egoísta o con demasiada confianza es despre-
ciada por todos; pero también es cierto que hay más directores a
quienes les falta confianza en sí mismos, que a quienes les sobra. El
director tiene que sentir que puede hacer el trabajo y deberá mante-
nerse en un estado de confianza y dominio de sí mismo. Su debida
preparación para la tarea que ha de desempeñar ayudará mucho a
darle este sentido de suficiencia que necesita. Es indispensable que el

director de cualquier área de recreación posea esta cualidad si ha de lograr dominar al grupo que dirija. El se destacará entre todos como la personalidad más prominente.

6. Belleza interior

La pureza de pensamiento, ideales y propósitos contribuirá más que ninguna otra cosa a la belleza de la vida y a una personalidad atractiva. Esto es esencialmente importante para el director de recreación, porque al entregarse al espíritu del juego se revela de manera especial lo que él es. Jesús dijo: "de la abundancia del corazón habla la boca"[1] y "pero lo que sale de la boca, del corazón sale; y esto contamina al hombre".[2] No es posible tener una personalidad atractiva con una mente y corazón impuros. El director de recreación deberá escuchar la exhortación de Pablo a los Filipenses: "Todo lo que es verdadero, todo lo honesto, todo lo justo, todo lo puro, todo lo amable, todo lo que es de buen nombre; si hay virtud alguna, si algo digno de alabanza, en esto pensad."[3] Además, deberá orar con el salmista: "Sean gratos los dichos de mi boca y la meditación de mi corazón delante de ti, oh Jehová, roca mía, y redentor mío."[4]

III. Un Examen Personal

Al contestar las siguientes preguntas el director de recreación se dará cuenta de las cualidades que él tiene y de las que todavía le faltan.

1. ¿Ama usted al Señor y a su iglesia?
2. ¿Le gusta estar con la gente?
3. ¿Posee un espíritu entusiasta y un gozo profundo en su corazón?
4. ¿Le gusta jugar?
5. ¿Tiene amor?
6. ¿Puede recibir o aceptar una broma?
7. ¿Es cortés y amable?
8. ¿Muestra favoritismo?

---

[1]Mateo 12:34
[2]Mateo 15:18
[3]Filipenses 4:8
[4]Salmo 19:14

9. ¿Es justo y honrado en su dirección?
10. ¿Muestra consideración para con otros? ¿Es egoísta?
11. ¿Es humilde de espíritu?
12. ¿Puede aceptar consejos y sugerencias de otros?
13. ¿Se desanima fácilmente?
14. ¿Es perezoso?
15. ¿Es responsable?
16. ¿Es muy mandón?
17. ¿Se enoja fácilmente y pierde el dominio propio?
18. ¿Usa tacto en su trato con otros?
19. ¿Tiene iniciativa y originalidad?
20. ¿Es su voz agradable y fácil de escucharse?
21. ¿Es atractivo en su persona?
22. ¿Está dispuesto a esforzarse para llegar a ser un buen director de recreación?
23. ¿Tiene algunos libros sobre la recreación?
24. ¿Ha tenido experiencia en la dirección de alguna área de recreación?
25. ¿Hay ciertas áreas de recreación que le gustan más?

IV. Conclusión: ¿Quién Puede Ser Director de Actividades Recreativas?

Esta pregunta se hizo una vez en una conferencia de recreación. ¿Puede cualquier persona dirigir un área de recreación? ¡No! Algunas personas nunca podrán ser directores. Pero la mayoría de las personas que poseen cualidades generales para dirigir, puede aprender a dirigir algunas de las áreas de recreación; algunas tendrán más destreza en un área que en otra. Con preparación, estudio serio y práctica, cualquier persona que puede enseñar una clase o dirigir un grupo en uno de los organismos de la iglesia, puede también con éxito dirigir una reunión social, un drama u otra actividad recreativa. Es cierto que este trabajo no es muy conocido y que los materiales e información son limitados; por lo tanto, se requiere mucho estudio y un esfuerzo especial de parte del director.

REGLAMENTO SUGERIDO
PARA EL PROGRAMA
RECREATIVO DE LA IGLESIA

Para determinar las actividades que forman parte del programa recreativo de la iglesia y asegurar su buena dirección, conforme a las normas cristianas, se sugiere la formulación y aprobación de un reglamento sobre el cual girará el programa recreativo de la misma. Los incisos presentados a continuación son sugerencias que pueden servir de guía en la formulación de este reglamento. Este variará de un lugar a otro, pero lo importante es que haya normas para la organización y dirección de las actividades recreativas de la iglesia.

1. Toda actividad incluida en el programa recreativo deberá tener la aprobación de la iglesia. No se incluirá en él ninguna actividad dudosa que pudiera perjudicar el testimonio del pueblo cristiano.

2. Cada actividad recreativa tendrá como su propósito primordial fomentar el compañerismo cristiano, ejercer influencias benéficas en la vida y en el carácter de cada participante.

3. Las actividades recreativas estarán debidamente relacionadas con la iglesia y sus respectivos organismos.

4. Cualquier actividad recreativa adoptada por la iglesia servirá para recrear física, mental y espiritualmente a aquellos que participen en ella.

5. Las actividades recreativas serán planeadas con el mismo cuidado con que se planean las demás actividades de la iglesia.

6. Las actividades recreativas dirigidas por la iglesia se adaptarán a los ideales elevados del cristianismo y las metas aprobadas por ella.

7. La organización del programa recreativo consistirá en una Comisión de Recreación integrada por un director y otros miembros nombrados por la iglesia.

8. Los deberes del director, y de la Comisión de Recreación serán especificados por la iglesia.

9. La iglesia sostendrá el programa recreativo incluyendo en su presupuesto una partida para los gastos de las respectivas áreas de recreación.

10. Los dirigentes de las diferentes actividades recreativas serán miembros activos de la iglesia cuya influencia y testimonio pueda servir de bendición para la obra del Señor.

11. El templo será el centro principal para la celebración de la mayoría de sus actividades recreativas. Las actividades desarrolladas fuera del tempo se efectuarán en lugares apropiados que llevarán la aprobación y el respaldo de la iglesia.

12. Las actividades sociales recibirán el mayor apoyo en el programa recreativo de la iglesia. Otras áreas de recreación se agregarán a medida que se presente la necesidad de ellas y siempre que haya personal para dirigirlas.

13. Las actividades sociales se incluirán en el calendario de actividades de la iglesia y nunca deberán estar en conflicto con el programa regular de la misma.

14. El programa de recreación incluirá a todos los que asisten al templo, vigilando que las actividades estén balanceadas y que incluyan a todos los grupos.

15. Por lo general se celebrarán las actividades recreativas el viernes por la noche, el sábado durante el día o en días festivos. Por ningún motivo se recomienda que estas actividades se realicen el sábado por la noche o en el día del Señor.

CUESTIONARIO
PARA REPASO Y EXAMEN

Capítulo I

1. ¿Qué evidencia hay en el Antiguo Testamento de que los judíos tenían y practicaban algunas formas de recreación?
2. Discútase el uso de la música en la vida social de los judíos.
3. Dénse algunas conclusiones en cuanto a lo que se dice del baile en la Biblia.
4. Discútase la familiaridad de Pablo con el uso de la terminología atlética.
5. ¿Cuál fue la relación de Jesús con la vida social en su tiempo?
6. ¿Cuáles son algunos de los cambios sociales y económicos que hacen más necesario un programa recreativo en la iglesia?
7. ¿Cuáles son las diversiones comercializadas que se encuentran en su comunidad?
8. Dénse algunas razones por las cuales conviene tener un programa recreativo en su iglesia.
9. Menciónense los beneficios que aporta el programa recreativo en una iglesia.

Capítulo II

10. ¿Qué tipo de actividad de recreación debe recibir más énfasis?
11. ¿Cuáles son las ventajas de las actividades sociales?
12. ¿Cuáles son los tres tipos principales de actividades sociales?
13. Menciónense las características distintivas de los siguientes tipos de actividades sociales: juego, programa, banquete, tardeada y recepción.
14. ¿Cuáles son algunos factores que determinan la selección de tipos?
15. ¿Qué tipos de actividades sociales se proveen con más frecuencia en su iglesia? ¿Cuáles tienen más éxito?

Capítulo III

16. Menciónense los diferentes tipos de drama y explíquelos brevemente.
17. ¿Cuántos de estos tipos se usan en su iglesia? ¿Cuáles podrían usarse?
18. ¿Cuáles son algunos valores que aporta el uso del drama?
19. ¿Cuándo y dónde se usa el drama en la iglesia?
20. ¿Cuáles son algunas sugerencias que ayudarán a llevar a cabo un programa de drama en la iglesia?

Capítulo IV

21. Menciónense otras áreas de recreación. ¿Cuáles de éstas se incluyen en el programa recreativo de su iglesia?
22. ¿Qué actividades se incluyen en el deporte?
23. ¿Cuáles son algunos valores del deporte?
24. Discútanse las actividades creativas como un área de recreación.
25. ¿Habrá interés en su iglesia en las actividades creativas? ¿Cuáles?
26. ¿Qué lugar tiene la música en la recreación?
27. ¿Qué se entiende por actividades recreativas para grupos de interés mutuo?
28. Discútase la necesidad de la recreación familiar y cómo la iglesia puede ayudar en ella.

Capítulo V.

29. ¿Por qué es importante tener una organización para la dirección de las actividades recreativas?
30. Examine los tres planes sugeridos para la organización del programa recreativo. ¿Qué organización tiene su iglesia? Trace un plan que crea se pueda usar con efectividad.
31. ¿Quiénes forman la Comisión de Recreación?
32. Menciónense las responsabilidades del director de recreación, de los coordinadores de áreas específicas y de los representantes de los departamentos o grupos.
33. ¿Cuál es la relación del director de recreación con la Comisión Coordinadora de la iglesia?

34. ¿Cómo se sostiene el programa recreativo de la iglesia?
35. ¿Tiene su iglesia un reglamento para sus actividades recreativas? ¿Cuál es el valor de él?

Capítulo VI

36. Menciónense algunas cualidades que deben poseer los directores de recreación.
37. ¿Por qué es importante la personalidad del director de recreación?
38. ¿Cómo se califica usted como director de actividades recreativas? ¿En cuáles áreas le gusta más dirigir o aprender a dirigir?
39. ¿Quién puede ser director de actividades recreativas?
40. Evalúe el programa recreativo en su iglesia. ¿Cuáles son las posibilidades para mejorarlo? ¿Qué puede hacer usted?

SUGERENCIAS PARA ENSEÑAR EL LIBRO

1. Estudie todo el libro cuidadosamente antes de iniciar la enseñanza, formulando con anticipación los planes generales para el curso.
2. No se dará igual énfasis a todo el libro. Estudie con más detenimiento las partes que el grupo en particular necesita.
3. Procure hacer el estudio práctico y una experiencia grata.
4. Inicie cada clase con un buen juego y luego intercale otros en los períodos de estudio.
5. Ensaye la manera de hacer las diferentes formaciones para los juegos.
6. Enseñe por medio de demostraciones cuándo es posible hacerlo.
7. Consulte el libro *Juguemos* para los pasos en cómo planear y dirigir una reunión social.
8. Si la clase es grande se puede dividir en equipos para que cada uno prepare un tipo de actividad social: juegos, dramatizaciones, cantos, etcétera.
9. Guíe a la clase a formular una lista de áreas de recreación que su iglesia desarrolla; otra lista de las que les gustaría incluir en su programa recreativo.
10 Hágase uso de libros y revistas para ayudar al grupo a conocer las mejores fuentes de materiales de actividades recreativas.
11. Sugiera una organización para el programa recreativo de su iglesia.
12. Guíe al grupo a fijarse en *Normas Sugeridas para el Programa Recreativo de la Iglesia* (página   ) y sugerir cómo éstas pueden adaptarse para su iglesia.
13 Permita a cada persona calificarse a sí misma como director de actividades recreativas.
14. Puede terminar el curso con una buena actividad social que la clase planee e invitar a toda la iglesia o/a un grupo específico.

BIBLIOGRAFIA

Maston, T. B. *Manual de Recreación* (Traducción y adaptación de *A Handbook for Church Recreation Leaders*, The Baptist Sunday School Board, Nashville, Tennessee). Casa Bautista de Publicaciones, El Paso, Texas, 1951.

Barnard, Floy Merwyn. *El Drama en la Iglesia* (Traducción y adaptación de *Drama in the Churches*. The Baptist Sunday School Board, Nashville, Tennessee.) Casa Bautista de Publicaciones, El Paso, Texas, 1955.

Jackson, Neil. *How to...Recreation for the Small Church.* Nashville. The Sunday School Board of the Southern Baptist Convention, 1975. All rights reserved. Used by permission.

Jackson Neil. *How to...Organize for Recreation.* Nashville. The Sunday School Board of the Southern Baptist Convention, 1970. All rights reserved. Used by permission.

Jackson, Neil. *How to...Crafts.* Nashville. The Sunday School Board of the Southern Baptist Convention, 1973. All rights reserved. Used by permission.

Smith, Frank Hart. *How to...Social Recreation.* Nashville. The Sunday School Board of the Southern Baptist Convention, 1970. All rights reserved. Used by permission.

Mitchell, Leon. *How to...Sports.* Nashville. The Sunday School Board of the Southern Baptist Convention, 1970. All rights reserved. Used by permission.

McGee, Cecil. *How to...Drama.* Nashville. The Sunday School Board of the Southern Baptist Convention, 1971. All rights reserved. Used by permission.

INDICE DE JUEGOS Y OTRAS ACTIVIDADES RECREATIVAS